일본어 독해력 완성 프로그램
다락원 일한 대역문고

중급 1

일본 초등학교 5학년 국어교과서선

日本の小学校5年生の国語教科書選

高田敏子・椎名誠・木下順二・星新一・那須正幹 著 |
조주희・박송이 訳註

다락원

머리말

『다락원 일한 대역문고』 중급 시리즈는 일본어 중급 학습자들이 일본어 명문들을 즐겁고 효과적으로 읽으며 고급 수준으로 독해력을 발전시키는 것을 목표로 만들었습니다.

일본어 기초가 완성된 중급 단계의 학습자가 일본어 실력을 향상시키기 위해서는 수준에 맞는 좋은 문장을 많이 접하여 어휘의 자연스럽고 정확한 쓰임을 익히는 것이 중요합니다. 너무 쉽거나 어려운 글을 읽으면 자칫 일본어 학습에 흥미를 잃어버리게 될 수도 있기 때문입니다.

현행 일본 초등학교와 중학교 국어교과서에 실린 명문을 비롯하여 일본 현대소설과 우리에게 익숙한 외국 소설의 일본어 번역 등 다양한 장르의 이야기들은 자연스럽게 일본어 문장의 깊은 맛을 익히는 데 좋은 길잡이가 되어 줄 것입니다.

『다락원 일한 대역문고』 시리즈는 사전 없이 편리하게 학습할 수 있도록, 어휘 풀이는 물론 주요 문형에 대한 자세한 해설과 예문을 함께 실었습니다. 본문의 대역은 어휘의 정확한 뜻 전달을 위해 의역보다는 직역에 가깝도록 했고, 원어민의 정확한 발음으로 녹음된 오디오로 듣기 능력 향상까지 함께 기대할 수 있습니다. 『다락원 일한 대역문고』 시리즈로 일본어를 읽고 듣는 재미를 느껴보시기 바랍니다. 여러분의 일본어 학습에 도움이 되기를 바랍니다.

다락원 일한 대역문고 연구회

『다락원 일한 대역문고』이렇게 보세요

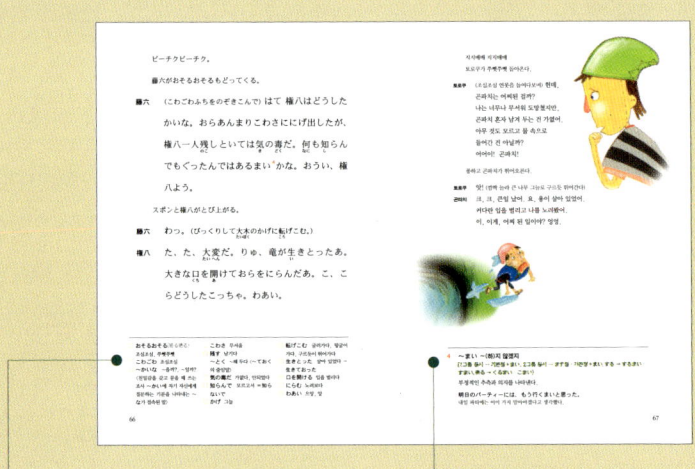

어휘 설명
자세한 해설과 함께, 히라가나로 실린 단어 중 한자를 알아두면 좋은 어휘에는 한자 표기를 병기했습니다.
사진 자료는 어휘 해설에 대한 빠르고 정확한 이해를 도와줍니다.

문형 해설
주요 문형의 뜻풀이와 접속을 예문과 함께 알기 쉽게 정리했습니다.

일러두기

일본어의 한국어 표기는 다음과 같습니다.
장음은 단음으로 표기했습니다. 예 大阪 — 오사카
발음 표기는 로마자 표기의 발음에 따랐습니다. 예 つかう(tsukau) — 츠카우
촉음 은 'ㅅ'으로 표기했습니다.

문형 접속 해설에 쓰인 활용형의 설명은 다음과 같습니다.
ます형(연용형) — ます가 붙기 이전의 형태
ない형(부정형) — ない가 붙기 이전의 형태
て형・た형(과거형) — 각각 て・た가 붙은 형태
な형용사나・명사의 — な형용사의 어간에 な가 붙은 형태, 명사에 の가 붙은 형태
동사・い형용사・な형용사의 기본형 — 동사・い형용사는 사전에 실려 있는 형태, な형용사는 어간에 だ가 붙은 형태
보통형 — 기본형, 부정형, 과거형, 과거부정형

MP3 파일
원어민 성우의 정확한 내레이션으로 듣는 즐거움도 쌓으세요.

목차

◉ **TRACK 1** 물의 마음
水のこころ | 高田敏子
みず　　　　たかだとしこ
8

◉ **TRACK 2** 소라게 탐험대
ヤドカリ探検隊 | 椎名誠
　　　たんけんたい　しいなまこと
10

◉ **TRACK 3** 나무용 이야기(인형극)
木竜うるし | 木下順二
もくりゅう　　きのしたじゅんじ
40

◉ **TRACK 4** 선물
おみやげ | 星新一
　　　　　ほししんいち
98

◉ **TRACK 5** 새끼 고양이를 품에 안고
子ねこをだいて | 那須正幹
こ　　　　　　　なすまさもと
112

일본 초등학교 5학년 국어 교과서선

日本の小学校 5 年生の国語教科書選

水のこころ
みず

高田敏子
たかだとしこ

水は つかめません
みず

水は すくうのです

指をぴったりつけて
ゆび

そおっと 大切に——
たいせつ

水は つかめません

水は つつむのです

二つの手の中に
ふた て なか

そおっと 大切に——

水のこころ も

人のこころ も
ひと

- □ つかめる 잡을 수 있다 〈つかむ(잡다)의 가능형〉
- □ すくう 떠내다, 퍼내다
- □ 〜のだ 〜한 것이다, 〜인 것이다 〈원인・이유・근거 등을 확인하거나 설명할 때 씀〉
- □ 指(ゆび) 손가락
- □ ぴったり 딱 〈빈틈없이 달라붙는 모양〉
- □ つける 붙이다, 대다
- □ そおっと 살그머니, 살짝 〈そっと의 힘줌말〉
- □ 大切(たいせつ)に 소중히, 소중하게
- □ つつむ(包む) 감싸다, 두르다

물의 마음

타카다 토시코

물은 잡을 수 없습니다
물은 떠 올리는 겁니다
손가락을 딱 붙이고
살그머니 소중히——

물은 잡을 수 없습니다
물은 감싸는 것입니다
두 개의 손 안에
살그머니 소중히——

물의 마음 도
사람의 마음 도

ヤドカリ探検隊

椎名誠

島の港から、漁船でほんの十分ぐらい走っただけなのに、浩と守の兄弟には、それが絶海の孤島のように[1]思えた。なにせ、正真正めいの無人島なのだ。

小学校六年の浩と四年の守は、勇三おじさんと、ここで一晩キャンプをすることになっている[2]。

- ヤドカリ 소라게
- 探検隊 탐험대
- 港 항구
- 漁船 고기잡이배, 어선
- ほんの〜 불과〜
- 走る 달리다, 뛰다
- 〜だけ 〜뿐, 〜만
- 〜のに 〜인데, 〜임에도
- 絶海 절해, 뭍에서 멀리 떨어진 바다
- 孤島 고도, 외딴섬 ↔ 群島(ぐんとう) 군도
- 思える 여겨지다, 생각되다
- なにせ 어쨌든, 여하튼 = なにしろ〈なににせよの変한 말〉
- 正真正めい(正真正銘) 틀림없음, 진짜
- 無人島 무인도
- 一晩 하룻밤
- キャンプをする 캠프를 하다
- 〜することになる 〜하게 되다

소라게 탐험대

시이나 마코토

섬의 항구에서 고기잡이배로 불과 10분 정도 달렸을 뿐인데 히로시와 마모루 형제에게는 그것이 뭍에서 멀리 떨어진 외딴 섬처럼 느껴졌다. 어쨌든 틀림없는 무인도인 것이다.

초등학교 6학년인 히로시와 4학년인 마모루는 유조 아저씨와 여기에서 하룻밤 캠프를 하기로 되어 있다.

1. **～ようだ　～같다, ～처럼**　[명사の + ようだ]
   비교·비유를 나타내는데, 주로 まるで～ようだ(마치～같다)의 형태로 많이 쓰인다.

   紅葉(もみじ)のような赤(あか)ちゃんの手。 단풍잎 같은 아기 손.

2. **～ことになっている　～하게 되다**　[동사 기본형+ことになっている]
   회사나 학교 등에서 정한 법률·규칙·습관·풍속 등을 나타낸다. 부정 표현은 ～ないことになっている이다.

   今回はアメリカに出張(しゅっちょう)することになっている。
   이번에는 미국으로 출장 가게 되었다.

「さあ、船はここまでしか行けないから、あとは水の中を歩いて荷物を運ぶんだ。」

勇三おじさんが、元気のいい声で言った。

海の中に入ると、水は浩のこしの上、守のむねの辺りまであった。頭の上に段ボールの箱をのせて、たくさんのキャンプ道具を運ばなければならない。でも、むねまで水につかった守は、荷物を運ぶどころか[3]、転ばないように進むだけでも大変だった。海の底には、ところどころ岩が出ているし、休みなく動く波が、守の体をぐらぐらさせる。

- □ さあ 자〈권유나 재촉할 때 하는 소리〉
- □ 船 배
- □ 荷物 짐
- □ 運ぶ 나르다, 옮기다
- □ 元気のいい 활기찬, 기운 있는
- □ こし 허리
- □ むね(胸) 가슴
- □ 辺り 언저리, 부근
- □ 段ボール 골판지
- □ 箱 상자
- □ のせる (머리에) 이다, 싣다 ↔おろす 내리다
- □ つかる 잠기다, 침수하다 ＝ひたる
- □ 転ぶ 넘어지다, 구르다
- □ 〜ないように 〜하지 않도록
- □ 進む 나아가다, 전진하다
- □ ↔退(しりぞ)く 물러나다
- □ 海の底 바다 속
- □ ところどころ 군데군데, 여기저기 ＝あちこち
- □ 岩 바위
- □ 休みなく 쉴 새 없이
- □ 波 파도
- □ ぐらぐら 흔들흔들

"자, 배는 여기까지 밖에 못 가니까, 나머지는 물속을 걸어 짐을 옮기는 거야."

유조 아저씨가 활기찬 목소리로 말했다.

바다 속에 들어가자 물은 히로시의 허리 위, 마모루의 가슴 언저리까지 왔다. 머리 위에 골판지 상자를 이고 많은 캠프 도구를 옮기지 않으면 안 된다. 하지만, 가슴까지 물에 잠긴 마모루는 짐을 옮기기는커녕 넘어지지 않도록 나아가는 것만으로도 힘들었다. 바다 속에는 군데군데 바위가 나와 있고, 쉴 새 없이 움직이는 파도가 마모루의 몸을 흔들었다.

---

3 ～どころか ～(하)기는커녕
   [동사·い형용사의 기본형, な형용사な, 명사+どころか]

   예로 든 앞의 사항을 부정함으로써 뒤에 오는 사항을 강조하고자 할 때 사용한다.

   彼とは話をするどころか、あいさつもしない。
   그와는 말을 하기는커녕 인사도 안 한다.

なんとか五回の往復で荷あげの仕事が終わり、漁船はさっきまでいたザマミ島にもどっていった。ザマミ島では、勇三おじさんの知り合いの民宿に一泊した。テレビもあったし、おふろもあったし、夜は花火もできたけれど、今日は無人島だから、電気もないのだ。

「あの船がむかえに来なかったら、ぼくたちはどうなるのかな。」

小さくなっていく船を見送りながら、守がいくらか心細げに言った。

- なんとか 그럭저럭, 어떻게 =どうにか
- 往復 왕복
- 荷あげ 짐 풀기
- さっき 아까, 조금 전 =さきほど
- ザマミ島 자마미 섬〈일본의 오키나와에 속해 있는 섬으로 유인도, 무인도 등 여러 섬이 모여 있음〉
- 知り合い 아는 사람, 친지 = 知人(ちじん)
- 民宿 민박
- 一泊 일박
- おふろ 목욕탕〈お는 미화어〉
- 花火 불꽃〈花火を上げる 불꽃 놀이를 하다〉
- むかえに来る 마중하러 오다
- ～かな (자기 자신에게 묻는 기분) ～(일)까?
- ～くなる (い형용사 어간에 붙어)～게 되다
- ～ていく ～해 가다
- 見送る 바라보다, 눈으로 쫓다, 전송하다
- いくらか 약간, 다소
- 心細い 불안하다, 마음이 안 놓이다 ↔心強(こころづよ)い 마음 든든하다, 믿음직스럽다
- ～げ (동사 ます형, い형용사・な형용사의 어간, 일부 명사에 붙어) ～듯, ～한 모양〈満足(まんぞく)げに 만족스러운 듯〉

그럭저럭 다섯 번의 왕복으로 짐 풀기가 끝나고 고기잡이배는 조금 전까지 있었던 자마미 섬으로 되돌아갔다. 자마미 섬에서는 유조 아저씨가 아는 사람이 하는 민박에서 하룻밤 잤다. 텔레비전도 있었고 목욕탕도 있었고 저녁에는 불꽃놀이도 할 수 있었는데, 오늘은 무인도이기 때문에 전기도 없는 것이다.
"저 배가 마중하러 오지 않으면 우리들은 어떻게 되는 걸까?"
작아져 가는 배를 바라보면서 마모루가 다소 불안한 듯 말했다.

「ロビンソン・クルーソーになればいいじゃないか[4]。さあ、おじさん、テントを張ろうよ。」

浩が元気よく言った。

七月の沖縄の太陽は、真っ白なすなはまのあちこちで、ばくはつしているみたいに光っている。

前の晩にテントの張り方を練習したのに、勇三おじさんにいろいろ教えてもらわないと、守には順番がよく分からなかった。おじさんは、たけの低い枝葉のたくさんしげった木の下に、すいじ道具を広げている。

「テントが張れたら、二人ですなはまの流木を拾ってこい。それがないと、昼飯が食べられないぞ。」

- ロビンソン・クルーソー (Robinson Crusoe) 영국의 작가 다니엘 디포가 1719년에 발표한 장편소설
- 張る (천막 등을) 치다, 펴다
- ～よ ～요〈권유・강요의 뜻을 나타냄〉
- すなはま(砂浜) 모래사장, 백사장
- ばくはつ(爆発) 폭발
- ～みたいに (동사・い형용사의 보통형, 명사에 붙어)～같이, ～처럼
- 光る 빛나다, 반짝이다
- 前の晩 전날 밤
- ～方 (동사 ます형에 붙어) ～하는 법
- ～のに ～인데, ～임에도
- ～てもらう 〈상대가 나의 요청으로 남이나 나에게〉～해 주다
- 順番 차례, 순번, 순서
- たけ 키
- 枝葉 가지와 잎, 지엽
- しげる 우거지다, 무성해지다
- すいじ(炊事) 취사
- 広げる 풀다, 펼치다
- ～たら ～하면, ～하니
- 流木 유목, 물에 떠내려가는 나무
- 拾う 줍다, 습득하다 ↔ 捨てる 버리다
- 昼飯 점심 =昼食(ちゅうしょく)
- ～ぞ ～야, ～말이야〈대등한 관계나 손아랫사람에게 자기 생각을 강하게 주장할 때 씀〉

"로빈슨 크루소가 되면 되잖아. 자, 아저씨, 텐트를 쳐요."
히로시가 씩씩하게 말했다.

7월의 오키나와의 태양은 새하얀 모래사장 곳곳에서 폭발하듯 빛나고 있다.

전날 밤에 텐트 치는 법을 연습했는데도 유조 아저씨에게 이것저것 물어보지 않으면 마모루로서는 순서를 잘 알 수 없었다. 아저씨는 키 작은 가지와 잎이 많이 우거진 나무 아래에 취사 도구를 풀고 있다.

"텐트를 다 치거든 둘이서 모래사장에 있는 유목을 주워 와. 그게 없으면 점심을 먹을 수 없어."

---

4 〜じゃないか (〜하)지 않겠어?, 〜(하)잖아
   [동사・い형용사의 기본형, な형용사 어간, 명사+じゃないか]

   질문 형태이지만 실제로는 강한 긍정을 나타내는 일종의 반어법으로, 동의・확인・놀람 등을 나타낸다. 정중형은 〜では(じゃ)ありませんか이다.

   カギはここにあるじゃないか。 열쇠는 여기 있잖아.

勇三おじさんは、島に着いたとたんに、人使いがあらくなった。

　流木は、はまのあちこちに転がっていた。みんな白くて、すべすべしている。びんのかけらや動物のほねのようなものもあった。すなはまのあちこちに、用心深くちょろちょろ動くものがいる。

　ヤドカリだった。守はおもしろくて、流木を拾うこともわすれてヤドカリの後を追った。

「こら、守。遊んでいないで、ちゃんと運べ。」

　浩が大きな声を出した。

- 着く 도착하다, 닿다
- 人使い 사람을 부림, 또는 그 방법
- あらい(荒い) (태도・행동 등이) 거칠다, 난폭하다
- はま(浜) 바닷가, 호숫가
- 転がる 구르다, 나뒹굴다
- すべすべする 매끈매끈하다
- びん 병
- かけら 부서진 조각, 파편
- ほね(骨) 뼈, 가시
- 〜のような 〜와 같은
- 用心深い 조심스럽다
- ちょろちょろ 조르르
- 追う 쫓다, 따르다
- こら 야, 이놈, 이봐〈손아랫사람이나 동료를 부르는 소리〉
- ちゃんと 확실히, 착실하게
- 運ぶ 옮기다
- 声を出す 소리를 내다

유조 아저씨는 섬에 도착하자마자 사람 부리는 게 거칠어졌다.

유목은 바닷가 여기저기에 나뒹굴고 있었다. 모두 하얗고 매끈매끈하다. 병 조각이며 동물의 뼈 같은 것도 있었다. 모래사장의 여기저기에 조심스럽게 조르르 움직이는 것이 있다.

소라게였다. 마모루는 재미있어서 유목을 줍는 것도 잊어버리고 소라게의 뒤를 쫓았다.

"야, 마모루. 놀고 있지 말고 확실히 옮겨."

히로시가 큰 소리를 냈다.

---

5 ～とたん(に) ～(하)자마자, ~(하)는 바로 그 순간 [동사 た형+とたん(に)]

'~한 순간에 ~했다'라는 뜻을 나타내는 표현으로, 동시·연속 발생을 나타낸다. 뒤에는 예상하지 못한 돌발·우발적인 사태가 온다.

急(きゅう)に立ち上がったとたん、めまいがした。
갑자기 일어선 순간 현기증이 났다.

勇三おじさんは集めてきた流木に火をつけ、手ぎわよくフライパンで料理を作り始めた。大学時代を沖縄で過ごしたおじさんは、沖縄料理が得意だ。今は気象庁の仕事をしているから都会生活だけれど、いつかまた沖縄でくらしたいとお母さんに言っているのを、守は何度か聞いたことがある。

　「いいか。うまくてうまくて、笑いたくなるようなソーミン・チャンプルーを作ってやるからな。」

　勇三おじさんのフライパンの中で、ゆでたソーメンとマグロのかんづめがジュウジュウいってかき回されている。これにベニショウガをのせると、もう完成だ。

- 集める 모으다
- 火をつける 불을 붙이다
- 手ぎわ 솜씨, 수완
- フライパン 후라이팬
- 料理 요리
- ～始める (ます형에 붙어) ～(하)기 시작하다
- 過ごす (시간을) 보내다, 지내다
- 得意だ 자신이 있다, 숙달되어 있다
- いつかまた 언젠가 다시
- くらす(暮らす) 살다, 지내다
- 何度か 몇 번인가
- ～たことがある ～한 적이 있다 〈과거의 경험을 나타냄〉
- ～か 확인하는 기분을 나타냄
- うまい 맛있다 ＝おいしい
- ソーミン・チャンプル 국수참풀 〈오키나와 볶음면〉
- ～てやる ～해 주다 〈동년배나 손아랫사람에게 씀〉
- ～な 가벼운 주장이나 단정을 나타냄
- ゆでる 데치다, 삶다
- ソーメン 국수
- マグロ 참치, 다랑어
- かんづめ 통조림
- ジュウジュウ 지글지글
- かき回される 휘저어 지다 〈かき回す의 수동형〉
- ベニショウガ 매실 초에 담가 붉게 물들인 생강 절임
- のせる 위에 얹다, 놓다 ↔おろす 내리다
- 完成 완성

유조 아저씨는 모아 온 유목에 불을 붙여 솜씨 좋게 프라이팬으로 요리를 만들기 시작했다. 대학 시절을 오키나와에서 지낸 아저씨는 오키나와 요리를 잘한다. 지금은 기상청 일을 하고 있기 때문에 도시생활이지만 언젠가는 다시 오키나와에서 살고 싶다고 어머니에게 말하는 것을, 마모루는 몇 번인가 들은 적이 있다.
　"준비됐어? 너무 맛있어서 웃고 싶어지는 국수참풀을 만들어 줄 테니까 말이야."
　유조 아저씨의 프라이팬 속에서 삶은 국수와 참치 통조림이 지글지글 소리를 내며 볶이고 있다. 여기에 생강절임을 얹으면, 이제 완성이다.

「チャンプルーというのは、いためものって意味だ。さあ、できた。二人とも、この木の下にすわれ。」

たけの低い木は、モンパという名前らしい[6]。細い枝がくねっているところに、フライパンやいろんな食器をぶら下げておけるから、何かと便利なのだ。それに、葉っぱが大きいので、ちょうどいい日かげになる。

「おじさんの友達は、この木を『昼ねの木』とよんでいた。この辺りの島にたくさん生えているありがたい木だよ。」

- □ ～というのは　～라고 하는 것은
- □ いためもの　볶은 것
- □ 意味　의미
- □ さあ　자, 어서
- □ ～とも　(복수를 나타내는 명사에 붙어) ～다, ～전부
- □ すわれ(座れ)　앉아, 앉거라 〈すわる의 명령형〉
- □ モンパ　몸파나무 〈일본 남쪽 해안에서 자라는 잎이 크고 회색 털이 있음〉
- □ ～らしい　～인 듯하다, ～인 것 같다
- □ 細い　가늘다
- □ 枝　가지
- □ くねる　구부러지다
- □ 食器　식기
- □ ぶら下(さ)げる　매달다
- □ ～ておける　～해 둘 수 있다 〈～ておく의 가능형〉
- □ 何かと　여러모로, 여러 가지로
- □ 葉っぱ　잎사귀 =葉(は)
- □ ちょうどいい　딱 알맞은, 마침 좋은
- □ 日かげ　그늘 ↔ひなた 양지, 양달
- □ 昼ね　낮잠
- □ 辺り　근처, 부근
- □ 生える　자라다, 나다

"참풀이란 건 볶은 음식이란 의미야. 자, 다 됐다. 둘 다 이 나무 아래 앉아."

키 작은 나무는 몸파라는 이름인 듯하다. 가느다란 가지가 구부러져 있는 곳에 프라이팬이며 여러 가지 식기를 매달아 둘 수 있어서 여러모로 편리한 것이다. 게다가 이파리가 커서 딱 알맞은 그늘이 된다.

"아저씨 친구는 이 나무를 '낮잠 나무'라고 불렀어. 이 근처 섬에 많이 자라고 있는 고마운 나무야."

6 　～らしい　～인 것 같다, ～인 듯하다
　　[동사・い형용사의 보통형, な형용사 어간, 명사+らしい]

외부로부터 얻은 정보를 근거로 하여 그 나름대로 추측하여 내린 객관적인 판단임을 나타낸다.

　　噂(うわさ)によるとこの歌、このごろすごく人気があるらしいですよ。
　　소문에 의하면 이 노래, 요즘 상당히 인기가 있는 것 같아요.

勇三おじさんのソーミン・チャンプルーは、本当に笑いたくなるほどうまかった。守はベニショウガが少し苦手だったが、その日はいつもよりおいしく感じられて、めずらしく残さずに全部食べてしまった。

　ひと休みした後、勇三おじさんは、波の打ち寄せる岩場の内側に広がるタイドプールへ二人を連れていった。岩しょうの中に、自然のプールのように水がたまっている安全な所だ。三人が近づいていくと、小さな魚やカニたちがいっせいに動くのが分かった。

　「あの魚はきっとギンポだな。フジツボやカメノテで手や足を切らないようにしろよ。」

- ～ほど　～정도, ～만큼
- 苦手だ　싫어하다, 서툴다
- めずらしい　드물다, 희귀하다
- 残す　남기다
- ～ずに　(동사의 ない형에 붙어) ～(하)지 않고
- ひと休みする　잠깐 쉬다
- ～た後　～(한) 후에, ～(하)고 나서
- 打ち寄せる　(파도가) 밀려오다, 밀어닥치다
- 岩場　바위나 암벽 등이 많은 곳
- 内側　안쪽, 내면 ↔ 外側(そとがわ) 바깥쪽, 외면
- 広がる　(눈 앞에) 펼쳐지다, 전개되다
- タイドプール(tide pool)　바닷물이 빠지지 않고 괴어 있는 곳
- 連れていく　데리고 가다
- 岩しょう(岩礁)　암초
- プール　수영장, 풀
- たまる　고이다
- 近づく　(어느 장소에) 다가가다, 접근하다
- 魚　물고기, 생선
- カニ　게
- いっせいに　일제히
- 動く　움직이다
- きっと　확실히, 틀림없이
- ギンポ　베도라치
- フジツボ　따개비
- カメノテ　거북손

유조 아저씨의 국수챰풀은 정말로 웃고 싶어 질 정도로 맛있었다. 마모루는 생강절임을 조금 싫어했지만, 그 날은 여느 때보다 맛있게 느껴져서 드물게 남기지 않고 전부 먹어 버렸다.

잠깐 쉬고 난 뒤 유조 아저씨는 파도가 밀려오는 바위들의 안쪽에 펼쳐진 물웅덩이로 둘을 데려갔다. 암초 속에 자연 수영장처럼 물이 고여 있는 안전한 곳이다. 셋이 다가가자 작은 물고기며 게들이 일제히 움직이는 것을 알 수 있었다.

"저 물고기는 분명히 베도라치야. 따개비나 거북손에 손이나 발을 베이지 않도록 해."

勇三おじさんは、この辺りの海のことならなんでも知っているようだった。このタイドプールには、いたる所に小さな貝がいて、小エビが後ろとびに走ったり、イソギンチャクがおどるように身をゆらしていたりして、見ているだけでもあきなかった。

　守は、岩の下で、また大きなヤドカリを見つけ、まき貝の中でじっと手足をちぢめているのを、おもしろがってながめていた。じっとして見ていると、辺りの様子をうかがうように手足をじわじわ出してくる。守は、ヤドカリにも顔があるのを知ってうれしくなった。

- □ ～なら (체언에 붙어) ~라면
- □ なんでも 뭐든지
- □ いたる所 도처, 가는 곳마다
- □ 貝 조개
- □ 小エビ 새끼 새우
- □ 後ろとび 뒷걸음질, 뒷쪽으로 날다
- □ イソギンチャク 말미잘
- □ おどる 춤추다
- □ 身 몸, 신체 =からだ
- □ ゆらす 흔들다
- □ あきる 싫증나다, 물리다
- □ 見つける 발견하다, 찾다
- □ まき貝 고둥·소라 같이 껍질이 나선형으로 둘둘 말린 조개
- □ じっと 가만히, 꼼짝 않고
- □ 手足 손발
- □ ちぢめる(縮める) 움츠리다, 줄어들게 하다
- □ おもしろがる 재미있어하다 〈い형용사 어간+がる(~해 하다)〉
- □ ながめる(眺める) 바라보다, 응시하다
- □ 様子 모습, 형편
- □ うかがう (눈치 등을) 살피다
- □ じわじわ 조금씩 착실히 진행되는 모양

유조 아저씨는 이 근처 바다에 관한 일이라면 뭐든지 알고 있는 것 같았다. 이 웅덩이에는 가는 곳마다 작은 조개가 있고, 새끼 새우가 뒷걸음질로 뛰기도 하고 말미잘이 춤추듯 몸을 흔들고 있기도 해서, 보고 있는 것만으로도 싫증나지 않았다.

　마모루는 바위 아래에서 다시 커다란 소라게를 발견하고, 껍데기 속에서 가만히 손발을 움츠리고 있는 것을 재미있어하며 바라보고 있었다. 가만히 바라보고 있노라니 주변 모습을 살피듯 손발을 서서히 내밀어 온다. 마모루는 소라게에게도 얼굴이 있는 것을 알고 기뻤다.

「さあ、そろそろ夕食のしたくだ。」

いつの間にやって来たのか、浩と守の後ろで、勇三おじさんのでっかい声がした。

まだ昼のように明るかったけれど、五時になると、早くも夕食のしたくを始めなければならない。浩と守は、夜のキャンプファイア用の流木拾いをしてから、ほらあなの岩のすき間から流れ出ている水をポリタンクに入れ、二人して休み休み運んだ。勇三おじさんは、モンパの太い枝にランプをつるし、暗くなったらいつでもつけられるようにした。

- □ そろそろ 슬슬
- □ 夕食 저녁식사, 저녁밥 =夕飯(ゆうはん)
- □ したく(支度) 채비, 준비
- □ いつの間に 어느 사이에
- □ でっかい 크다 〈おおきい의 속된 표현인 でかい의 힘줌말〉
- □ 声がする 소리가 나다 〈においがする 냄새가 나다〉
- □ 〜と (동사의 종지형에 붙어) 〜하자, 〜하면
- □ 明るい 밝다
- □ 早くも 벌써
- □ キャンプファイア 캠프 파이어
- □ 〜用 〜용
- □ 〜拾い (명사에 붙어) 〜줍기
- □ ほらあな 동굴 =洞(ほら)
- □ すき間 빈틈, 틈새 =すき
- □ ポリタンク(polyethylene tank의 줄임말) 폴리에틸렌 통, 플라스틱 통
- □ 休み休み 쉬엄쉬엄
- □ ランプ 등불, 램프
- □ つるす 매달다, 달아매다
- □ つけられる 켤 수 있다 〈つける(켜다)의 가능형〉
- □ 〜ようにする (동사 기본형에 붙어) 〜(하)도록 하다

"자, 슬슬 저녁식사 준비다."
어느 사이에 다가왔는지 히로시와 마모루 뒤에서 유조 아저씨의 큰 목소리가 났다.

아직 대낮처럼 밝았지만 다섯 시가 되면 벌써 저녁식사 준비를 해야 한다. 히로시와 마모루는 저녁 캠프 파이어 용 유목 줍기를 하고 나서 동굴의 바위 틈에서 흘러나오고 있는 물을 플라스틱 통에 넣고 둘이서 쉬엄쉬엄 옮겼다. 유조 아저씨는 몸파나무의 굵은 가지에 등불을 매달아 어두워지면 언제라도 켤 수 있도록 했다.

夕食はまたチャンプルーだった。船で運んできたナスやキュウリなどの野菜にイカや貝を混ぜて、ジュウジュウ景気のいい音を立てていためる。勇三おじさんがすもぐりでとってきたサザエとウニは、焼いて食べる。バテイラという名の三角形の貝は、おいしいしるにしてくれた。

- ナス 가지
- キュウリ 오이
- 野菜 야채, 채소
- イカ 오징어
- 混ぜる 섞다, 혼합하다
- 景気 기세, 위세, 경기
- 音を立てる 소리를 내다
- いためる (음식을) 볶다, 지지다
- すもぐり 맨몸 잠수, 장비를 이용하지 않는 잠수 〈もぐる 잠수하다〉
- とる 따다
- サザエ 소라, 참소라
- ウニ 성게
- 焼く 굽다
- バテイラ 팽이고둥, 바다방석고둥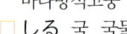
- しる 국, 국물
- ～てくれる (남이 나를 위해) ~해 주다

저녁식사는 또 챰풀이었다. 배로 날라 온 가지랑 오이 같은 야채에 오징어랑 조개를 섞어 지글지글 기세 좋은 소리를 내며 볶는다. 유조 아저씨가 맨몸 잠수로 따 온 소라며 성게는 구워 먹는다. '팽이고둥'이라는 이름의 삼각형 조개로는 맛있는 국을 만들어 주었다.

「うわあ。」

　たき火に向かって、ヤドカリがいくつもいくつも進んでくるのを見つけて、守がかん声を上げた。ヤドカリたちはあらかじめ相談でもしていたように、きっちり進む方向をそろえて、おどろくほどしっかりした足どりで進んでくる。

「すごい、すごい。ヤドカリの行進だ。どうしてみんなここに集まってくるのかな。ヤドカリもたき火に当たりたいのかな。」

　守はうれしくてたまらない[7]。

- たき火　모닥불, 화톳불
- 向かう　향하다
- かん声をあげる〈歓声を上げる〉환성을 지르다, 고함을 지르다
- あらかじめ　미리, 사전에 ＝まえもって
- 相談　상담, 의논
- きっちり　빈틈없는 모양, 딱 맞는 모양
- 方向　방향
- そろえる　맞추다, 가지런히 하다
- おどろく〈驚く〉놀라다
- しっかり　확실히, 분명히
- 足どり　발걸음, 걸음걸이 ＝足付(あしつ)き
- 行進　행진
- 集まる　모이다, 모여들다
- 〜かな　〜일까?〈가벼운 영탄을 담아 자신에게 질문하는 기분을 나타냄〉
- 当たる　(불을) 쬐다

"우와!"

모닥불을 향해 소라게가 수없이 다가오는 것을 발견하고 마모루가 환성을 질렀다. 소라게들은 미리 의논이라도 한 것처럼 정확히 나아가는 방향을 맞추어 놀랄 만큼 확실한 발걸음으로 전진해 온다.

"굉장해, 굉장해. 소라게들의 행진이야. 어째서 모두 여기로 모여드는 거지? 소라게도 모닥불을 쬐고 싶은 건가?"

마모루는 기뻐서 어쩔 줄 모른다.

7 　～てたまらない　～하여 어쩔 줄 모르다, ～해서 못 참다
　　[い형용사 어간＋くてたまらない, な형용사 어간＋でたまらない]

말하는 사람의 감정이나 욕구의 정도가 '매우 ～한 상태'임을 나타내는데, 동사의 경우 대개 ～たい가 붙은 형태로 많이 쓰인다.

アメリカにいる友達に会いたくてたまらない。
미국에 있는 친구를 만나고 싶어 견딜 수가 없다.

「明るい所が好きなのかな。おじさんも、こういうのは初めて見たよ。」

勇三おじさんもおもしろそうだった。

「ヤドカリはな、大きくなると、今しょっている貝よりもう少し大きい貝がらを見つけて引っこしするんだ。そうして、その新しい貝がらの大きさに合わせて、もうひと回り大きくなっていくんだよ。」

勇三おじさんは、声をひそめるようにして言った。まるでヤドカリに聞かせないようにしているみたい[8]で、守にはそれがおかしかった。

- ～な　～말이야〈상대를 납득시키려는 마음이 담겨 있다〉
- しょう　짊어지다, 등에 업다 ＝せおう
- 貝がら　조개껍데기
- 引っこしする　이사하다
- そうして　그렇게 해서
- 合わせる　맞추다
- ひと回り　한 단계, 한 바퀴 돎
- ひそめる　(소리를) 낮추다, 죽이다
- まるで～ように　마치 ～처럼, 꼭 ～와 같이
- 聞かせる　들려주다〈聞く의 사역형〉
- おかしい　이상하다, 의심스럽다

"밝은 곳을 좋아하는 건가? 아저씨도 이런 건 처음 봤어."
유조 아저씨도 재미있는 모양이었다.
"소라게는 말이야, 커지면 지금 짊어지고 있는 조개보다 조금 더 큰 조개껍데기를 찾아 이사를 하는 거야. 그렇게 해서 그 새로운 조개껍데기의 크기에 맞춰 다시 한 단계 커져 가는 거야."
유조 아저씨는 목소리를 낮추듯이 하며 말했다. 마치 소라게에게 들리지 않도록 하고 있는 것 같아서 마모루에게는 그게 이상했다.

---

8 **〜みたいだ 〜같다** [동사·い형용사의 보통형, な형용사 어간, 명사+みたいだ]
　말하는 사람의 주관적인 판단에 의한 추량을 나타낸다.

　佐藤さんは、今日ゼミがあることを知らないみたいですよ。
　사토 씨는 오늘 세미나 있는 줄 모르는 것 같아요.

八時には、浩も守もテントの中に入るように言われた。頭の上にはちまきみたいにくくり付ける勇三おじさんのヘッドランプを借りて、二人は波打ちぎわで歯みがきをした。海の水はとても塩からくてせきこみそうだったけれど、歯をすすいではき出すと、気持ちがすっとした。

　テントにもどるとき、頭の上が一面の星空になっているのに気がついた。浩と守は、テントの入り口から顔だけ出して星の空をながめ、海の音を聞いた。勇三おじさんは、たき火のそばでウイスキーを飲んでいる。

　「テントの中から顔だけ出して外をながめているのは、ヤドカリとちょっと似ているね。」

と、守は浩に言った。

- はちまき 머리띠
- くくり付ける 동여매다, 묶다
- ヘッドランプ(head lamp) 소형 전등
- 借りる 빌리다 ↔ 貸(か)す 빌려주다
- 波打ちぎわ 물가, 물결이 밀려오는 곳
- 歯みがき 양치질, 이 닦기
- 塩からい 짜다
- せきこむ 심하게 계속 기침을 하다, 몹시 콜록거리다
- すすぐ 헹구다, 입을 가시다
- はき出す 내뱉다, 토해내다
- すっとする 상쾌해지다, 후련해지다
- もどる 되돌아가(오)다
- 一面 전면, 온통
- 星空 별이 총총한 밤 하늘
- 気が付く 알아차리다, 어떤 것에 생각이 미치다
- 入り口 입구 ↔ 出口(でぐち) 출구
- ウイスキー 위스키
- 似る 닮다, 비슷하다 〈항상 似ている의 형태로 사용한다〉

8시에는 아저씨가 히로시도 마모루도 텐트 속으로 들어가라고 했다. 머리 위에 머리띠처럼 동여매는 유조 아저씨의 소형 전등을 빌려 둘은 물가에서 이를 닦았다. 바닷물은 아주 짜서 계속 기침을 할 것 같았지만 입을 헹구고 내뱉으니 기분이 개운해졌다.

텐트로 돌아올 때 머리 위가 온통 별이 총총한 밤하늘이 되어 있는 것을 알아차렸다. 히로시와 마모루는 텐트 입구에서 얼굴만 내밀고 별이 총총한 하늘을 바라보며 바다 소리를 들었다. 유조 아저씨는 모닥불 옆에서 위스키를 마시고 있다.

"텐트 안에서 얼굴만 내밀고 밖을 바라보고 있는 건, 소라게랑 좀 닮았는걸." 하고 마모루는 히로시에게 말했다.

「ああ、ぼくたちは、ヤドカリ探検隊だ。」

浩が力強く答えた。

「そうだ、ぼくたちは、ヤドカリ探検隊だ。」

守もうれしくなって、そう言った。

　テントの中には電気もないし、テレビもないけれど、民宿で見たときよりも、もっとたくさんの星が頭の上に広がっている。守は、こっちのほうがきれいだな、と思った。そして、来年はヤドカリみたいに少し大きくなって、無人島でまたこんなふうにキャンプしたいと思った。

□ **力強い** 힘차다, 강력하다
□ **答える** 대답하다
□ **電気** 전기
□ **もっと** 더, 더욱
□ **〜ふう(風)に** 〜방식으로, 〜식으로

"아, 우리들은 소라게 탐험대다!"
히로시가 힘 있게 대답했다.
"맞아, 우리들은 소라게 탐험대다!"
마모루도 기뻐서 그렇게 말했다.
 텐트 속에는 전기도 없고 텔레비전도 없지만 민박에서 봤을 때보다도 더 많은 별이 머리 위에 펼쳐져 있다. 마모루는 이곳이 더 아름답구나, 하고 생각했다. 그리고 내년에는 소라게처럼 조금 자라서 무인도에서 또 다시 이렇게 캠프를 하고 싶다고 생각했다.

木竜うるし
もくりゅう

木下順二
きのしたじゅんじ

昔々、ある山の中で。
むかし　　　やま　なか

出てくる人は、藤六も権八も、花さかじじい*のおじ
で　　ひと　とうろく　ごんぱち　はな

いさんのようなずきんをかぶっている。

1. 深いふちのそば
　　ふか

　　ふちを囲んできれいな花がさいている。
　　　　かこ　　　　　はな

- 木竜 나무로 깎아 만든 용
- うるし 옻, 옻나무
- ある～ (뒤에 체언이 이어져) 어떤～, 어느～
- じじい 늙은이, 영감 〈爺(じじ)의 장음화〉↔婆(ばばあ) 할망구
- ～のような ～와 같은
- ずきん(頭巾) 두건
- かぶる 쓰다
- ふち 깊은 못
- 囲む 둘러싸다
- さく(咲く) 피다

나무용 이야기(인형극)

키노시타 쥰지

옛날 옛날 어느 산 속에서.
　나오는 사람은 '토로쿠'도 '곤파치'도 『꽃피우기 영감』에 나오는 할아버지 같은 두건을 쓰고 있다.

　1. 깊은 연못 가

　　연못을 둘러싸고 예쁜 꽃이 피어 있다.

★ 花さかじじい

일본 옛날 이야기의 하나로, 정직한 할아버지가 신기한 강아지의 도움으로 보물을 얻자, 이를 시기한 이웃의 욕심으로 강아지가 죽는데, 죽은 강아지를 태운 재를 고목에 뿌려 꽃을 피게 하여, 지방 호족에게서 상을 받았다는 이야기. 또는 그 주인공을 일컬음.

きこりの権八と藤六とが、大木に登ってズイコズイコと枝を切っている。小鳥の鳴き声がピーチクピーチク。そのうちに権八は手を休めて藤六の働くのを見ている。

権八　（やがて）こら 藤六。

藤六　あいよ。（ズイコズイコ。）

権八　おめえののこぎりを貸せ。おらのはちっとも切れん。

藤六　あいよ。（すぐ取りかえてやる。）

　　　二人、しばらく切っている。

- きこり 나무꾼
- 大木 큰 나무
- 登る 오르다
- ズイコズイコ 쓱싹쓱싹
- 枝 가지
- 小鳥 작은 새
- 鳴き声 울음소리
- ピーチクピーチク 지지배배 지지배배
- そのうちに 그 사이에
- 休める 쉬게 하다, 휴식시키다
- 働く 일하다
- やがて 얼마 안 있어, 이윽고
- あい 응 〈누군가 불렀을 때 대답하는 말 ＝はい〉
- おめえ 너 〈비속어로 주로 남성이 씀 ＝おまえ〉
- のこぎり 톱
- 貸(か)せ 빌려줘 〈貸す의 명령형〉
- おら 나 〈비속어로 주로 남성이 씀 ＝おれ〉
- ちっとも （뒤에 부정어를 수반하여) 조금도
- 切れん 잘라지지 않다 〈ん은 부정을 나타내는 ぬ가 변한 말 ＝切れない〉
- 取りかえる 바꾸다
- しばらく 조금, 잠시

　　나무꾼 '곤파치'와 '토로쿠'가 큰 나무에 올라 쓱싹쓱싹 가지를 자르고 있다. 작은 새의 울음소리가 지지배배 지지배배. 그 사이 곤파치는 일손을 놓고 토로쿠가 일하는 것을 바라보고 있다.

곤파치　　(얼마 안 있다가) 이봐 토로쿠.
토로쿠　　응. (쓱싹쓱싹)
곤파치　　네 톱 좀 빌려줘. 내 건 도통 베어지질 않아.
토로쿠　　알았어. (바로 바꾸어 준다.)

　　두 사람 잠시 톱질을 하고 있다.

43

権八　（また手を休めて）やい藤六。

藤六　あいよ。（ズイコズイコ。）

権八　おらの切った枝も、みんなおめえがしょって山をおりるだぞ。

藤六　なんでや？

権八　おめえののこぎりで切った枝だ。みんなおめえが運ぶのが当たり前でないか。

藤六　ああ、そうか。うん、よし。（ズイコズイコ。）

　　　二人、しばらく切っている。

藤六　（切りながら）こののこぎりは切れんのう。おらが今ばん目立てをしてやろう。

- やい 이봐
- しょう(背負う) 짊어지다 = せおう
- おりる(下りる) 내려가다
- 〜ぞ 〜거야 〈대등한 사람이나 손아랫사람에게 자기 생각을 강하게 주장함을 나타냄〉
- なんで 왜, 어째서
- 〜や 문장 뒤에 이어져 강조하는 뜻을 나타냄
- 運ぶ 옮기다, 운반하다
- 当たり前だ 당연하다
- 〜でないか 〜가 아닌가
- よし 좋다 ↔ 悪(あ)し 나쁘다
- 〜のう 〜말이야 〈상대에게 자신의 주장을 전달하려는 기분을 나타냄〉
- 目立て (톱·줄 등의) 날 세우기

곤파치 (또 손을 놓고) 이봐 곤파치!
토로쿠 응. (쓱싹쓱싹.)
곤파치 내가 자른 나뭇가지도 모두 네가 지고 산을 내려가는 거야.
토로쿠 어째서?
곤파치 네 톱으로 자른 가지야. 모두 네가 옮기는 게 당연하지 않아?
토로쿠 아아, 그런가? 응, 알았어. (쓱싹쓱싹.)

    두 사람 잠시 톱질을 하고 있다.

토로쿠 (톱질을 하며) 이 톱 안 들어. 내가 오늘 밤 톱날을 갈아주지.

権八　（手を休めて）やい藤六、おめえ、こんな切れる

　　　のこぎり持っとるなら、おらの分も切ってくれ。

藤六　そうだなあ。おめえののこぎりゃ、こらだめだ。

　　　よし、そんならよこせ。

権八　きっと切るだぞ。なまけたら承知せんぞ。

　　（ボチャン。）

藤六　あっ。

権八　やあ、しまった。

　　　二人、木をおりて、ふちをのぞきこむ。

藤六　深くて見えんわ。

- 切れる 베이다, 끊어지다
- 持っとる 가지고 있다, 지니고 있다 〈持(も)っておる의 축약형〉
- ～なら ～(이)라면, ～다면
- 分 몫
- ～てくれ ～해 줘 〈～てくれる의 명령형〉
- ～ゃ ～는 〈스스럼없는 대화에서 조사 は가 변한 말〉
- こら 이건 ＝これは
- だめだ 안 된다, 좋지 않다
- そんなら 그렇다면 〈それなら가 변한 말〉
- よこせ 이리 줘 〈よこす(넘겨주다, 내어주다)의 명령형〉
- なまける 게으름 피우다
- 承知する 승낙하다, 허락하다, 알다
- ～せん ～(하)지 않는다 〈～せぬが 변한 말 ＝しない〉
- しまった 큰일이다, 아차, 아뿔사
- のぞきこむ 들여다보다
- 見えん 보이지 않다 ＝見(み)えない
- ～わ 문장 끝에 이어져 놀람・영탄을 나타냄

곤파치 (손을 놓으며) 이봐, 토로쿠, 너 이렇게 잘 드는 톱 가지고 있으면 내 몫도 베어 줘.
토로쿠 그렇구나. 네 톱으론 이거 안 되겠어. 좋았어, 그렇담 이리 줘.
곤파치 확실히 베는 거야. 게으름 피우면 용서 못 해. (풍덩.)
토로쿠 앗!
곤파치 이런! 큰일났다!

두 사람 나무에서 내려와 연못을 들여다본다.

토로쿠 깊어서 안 보여.

権八　はよう入って取ってこんか。

藤六　うん、けど、こらあ、昔からだれも入ったことのないふちだ。おら、おそろしいわ。

権八　おそろしいなんて言うとるときか。おめえののこぎりでないか。

藤六　うん。……おめえ、いっしょに入ってくれんか。

権八　ばか言え。自分の物は自分でさがすが当たり前だ。さあ、はよう入らんか。

藤六　うん、ま、そらそうだけど……。

権八　さあさあ、はよう入れ入れ。

- はよう　빨리〈はやく의 변한 말〉
- 取る　집다, 취하다
- ～てこんか　～해 오지 않아? =～てこないか
- ～けど　그렇지만, 하지만
- こらあ　이것 봐
- ～たことのない　～한 적이 없는
- おそろしい(恐ろしい)　무섭다
- ～なんて　～라느니, ～라는 둥, ～하다니
- ～とる　～고 있다〈～ておる의 축약형 =～ている〉
- ～てくれんか　～해 주지 않겠어? =～てくれないか
- ばか言え　바보 같은 소리를 해라, 바보 같은 소리 하고 있네
- 自分で　직접, 자기가
- 物　물건
- さがす(探す)　찾다
- 入らんか　들어가지 않을 거야? =入(はい)らないか
- そら　그건 =それは

곤파치   빨리 들어가 집어 오지 못해!
토로쿠   응, 근데 이봐, 옛날부터 아무도 들어 간 적이 없는 연못이야. 난 무서운 걸.
곤파치   무섭다고 말하고 있을 때야? 네 톱이잖아.
토로쿠   맞아. ……너, 같이 들어가 주지 않겠어?
곤파치   바보 같은 소리. 자기 물건은 자기가 찾는 게 당연하지. 자, 빨리 들어가지 못해?
토로쿠   응, 뭐, 그건 그런데…….
곤파치   자아 자아, 빨리 들어가 들어가.

藤六　仕方がないわ。見つけてこう。（ドブン。ブクブクブクブク。）

権八　あっはっは、もぐっていきよった＊。（こしを下ろす。）さあ、これで今日は一日まるもうけだ。まだ仕事を始めたばかりだに、後は藤六が引き受けたちゅうわ。あのばか正直といっしょに仕事をすると、たいていの事はあれがやるで大きに楽だ。あっはっは。

　　藤六がうかび上がる。

藤六　（首だけ出して）ご、権八よ。

権八　何だ何だ。

- □ 仕方がない 어쩔 수 없다, 하는 수 없다
- □ ～てこう ～해 올게〈～てくる의 의지형 ～てこよう가 변한 말〉
- □ ドブン 풍덩
- □ ブクブク 보글보글, 부글부글
- □ もぐる 물속에 들어가다, 잠수하다
- □ いきよる 가다, 가고 있다
- □ こしをおろす 앉다
- □ まるもうけ(丸儲け) 고스란히 범 ↔丸損(まるぞん) 완전 손해
- □ ～たばかり (동사 た형에 붙어) 막 ~한 참
- □ ～だに ～인데, ～이니까
- □ 引き受ける 떠 맡다, 인수하다
- □ ～ちゅう ～라고 하다 ＝～という
- □ ばか正直 고지식함, 지나치게 정직함, 또는 그런 사람
- □ たいてい 대부분
- □ やるで 해서, 하기 때문에 ＝やるので
- □ 大きに 아주, 몹시
- □ 楽だ 편하다
- □ うかび上がる 떠 오르다
- □ 首 목, 고개

토로쿠 할 수 없군. 찾아 올게. (풍덩. 부글부글 부글부글.)

곤파치 앗핫핫, 물 속에 들어갔다. (걸터앉는다.) 자, 이걸로 오늘은 하루 횡재했다. 이제 일을 시작했을 뿐인데 나머지는 토로쿠가 떠맡을 거야. 저 고지식한 바보랑 같이 일하면 대부분의 일은 저게 해서 아주 편해. 앗핫핫.

토로쿠가 떠오른다.

토로쿠 (고개만 내밀고) 고, 곤파치!
곤파치 뭐야, 왜 그래?

＊ ~よる

よる는 おる가 변한 말로, 동사 ます형에 붙어 동작이 진행 중이거나 동작자를 경시하는 기분을 나타낸다. 현재도 관서지방 등에서 사용되고 있다.

来よる 오다, 오고 있다

藤六　（てのひらにすくったものを見せて）見や、こ、これ。

権八　何だ。……ほう、こら、おめえ、うるしでないか。

藤六　そ、そうだ。う、うるしだ。

権八　どこにあった？　こんなもんが。

藤六　い、いっぱい、一面、こ、このふちの底に。

権八　ふちの底に？　うるしがか？

藤六　うん。こらほんに上等の上うるしだ。

権八　うん。上うるしだ。大したもんだ。……ふうん、こら、大昔から山々のうるしの木のしるが、雨に流されてたまったもんにちがいない[1]わ。

- てのひら　손바닥 ↔あしのうら　발바닥
- すくう　뜨다, 퍼내다
- 見せる　보여주다
- 見や　보게〈やは 동료나 아랫사람에 대한 친근감이 담긴 권유를 나타냄〉
- うるし　옻
- もん　물건, 것 =もの
- 一面　온통, 어떤 장소 전체
- 底　바닥
- ほんに　진짜, 참으로
- 上等　고급, 상등급〈中等（ちゅうとう）중등급, 下等（かとう）하등급
- 上うるし　고급 옻
- 大した　굉장한, 대단한
- 大昔　아주 옛날
- 山々　여러 산, 많은 산
- しる　즙, 국물
- 流される　흐르다, 흘러내리다〈流す（흘리다）의 수동형〉
- たまる　고이다

토로쿠	(손바닥에 건져 올린 것을 보여주며) 봐! 이, 이거!
곤파치	뭐야. …… 호오, 이거, 너, 옻 아냐?
토로쿠	마, 맞아. 오, 옻이야.
곤파치	어디 있었어? 이런 게?
토로쿠	가, 가득, 온통, 이, 이 연못 바닥에.
곤파치	연못 바닥에? 옻이 말이야?
토로쿠	응. 이거 진짜 상급 중의 상급 옻이야.
곤파치	응. 고급 옻이야. 굉장한 거야. …… 흐음, 이거 아주 옛날부터 여러 산에 있는 옻나무 즙이, 비에 흘러내려 고인 것임에 틀림없어.

1 ～にちがいない ～임에 틀림없다
[동사・い형용사의 보통형, な형용사 어간, 명사+にちがいない]
말하는 사람의 주관적인 확신을 나타낸다.

あそこに入っていたら誰も知らないにちがいない。
거기 들어가 있으면 아무도 모를 것이 틀림없다.

藤六　それにちがいないわ。

権八　（しばらく考えているが、とつぜんどなる。）やい藤六。

藤六　へっ？

権八　おめえ、このうるしのこと、だれにも告げちゃならんぞ。

藤六　……。

権八　告げたらおめえ、どえらい目にあわすぞ。

藤六　へ、へい。

権八　このうるしのことを知っとるもんは、近ごう近在、おらとおめえの二人きりだ。ええかこら。

- とつぜん　갑자기
- どなる　외치다
- 〜のこと　〜에 관한 얘기, 〜에 관한 것
- 告げる　말하다, 이르다
- 〜ちゃならん　〜해서는 안 된다 ＝〜てはならない
- 〜たら　〜하면
- どえらい　엄청나다, 어마어마하다〈ど는 정도가 심함을 나타내는 접두어〉
- あわす（会わす）　만나게 하다
- 知っとる　알고 있다 ＝知っている
- もん(者)　사람, 자〈＝者(もの)〉
- 近ごう(近郷)　(도시에) 가까운 시골, 근향
- 近在　도시 가까운 마을
- 〜きり　(명사 및 활용어의 연체형에 붙어 그 말을 한정함) 〜뿐, 〜만
- ええか　알겠지？ ＝いいか

토로쿠	틀림없어.
곤파치	(잠시 생각하다가 갑자기 외친다) 이봐 토로쿠!
토로쿠	엉?
곤파치	너, 이 옻 얘기 아무한테도 하면 안 돼!
토로쿠	…….
곤파치	말하면 너, 엄청 혼날 줄 알아!
토로쿠	아, 알았어
곤파치	이 옻에 관한 일을 알고 있는 건 이 근방에 너와 나 둘 뿐이야. 알겠지, 너.

藤六　へ、へい。い、言わん。だれにも言わん。

権八　よし。さあ、そんならはよう木を切らんか。

藤六　あっ、のこぎり。（ブクブクブクブク。）

権八　（ふちをのぞきこんで大笑い。）

あっはっは。このばかが、うるしにびっくりしてのこぎりをわすれてきよった。……ううん、けど、こらあ大金もうけだ。ただ藤六のやつがじゃまもんだな。あいつさえ来なんだら、このふちの底のうるしは、おらがそっくり独りじめだ。うん、藤六がけっして取りに来んようにせにゃならん。こいつは、家に帰ってひと思案だ。（考えながら行ってしまう。）

- 言わん　말하지 않다 ＝言(い)わない
- 大笑い　크게 웃음
- ばか　바보
- びっくりする　깜짝 놀라다
- わすれる(忘れる)　잊다
- きよる　오다, 오고 있다
- 大金(おおがね)　큰돈, 거금
- ＝たいきん
- ただ　단지, 다만
- じゃまもん　방해꾼 ＝じゃま者
- そっくり　몽땅, 죄다
- 独りじめ　독차지
- けっして　결코
- 取る　가지다, 취하다
- ～に来んように　～(하)러 오지 않도록 ＝～に来ないように
- せにゃならん　하지 않으면 안 된다 ＝しなければならない
- ひと思案　잠깐 궁리함

토로쿠	아, 알았어. 말 아 안 할게. 아무한테도 말 안 할게.
곤파치	좋았어. 자 그렇다면 빨리 나무를 베야지?
토로쿠	앗, 톱.(부글부글 부글부글.)
곤파치	(연못을 들여다보며 크게 웃음.)

앗핫하. 이 바보가 옻에 놀라서 톱을 놓고 왔구만. …… 아니, 그치만 이건 큰 횡재야. 단지 토로쿠 놈이 걸리적거려. 저 녀석만 안 오면 이 연못 바닥의 옻은 내가 몽땅 독차지할 수 있어. 그래, 토로쿠가 절대 가지러 오지 못하게 해야겠다. 이건 집에 돌아가 잠깐 궁리 해야겠다. (생각하면서 가 버린다.)

2　～さえ～ば ~만 ~(하)면　[명사＋さえ＋동사 ば형]

어떤 일이 실현되기 위해서 '그 하나의 조건만 충족되면 그것으로 충분하다'라는 뜻으로, 그 조건이 충족되지 않으면 전부 필요 없다는 의미를 내포하고 있다.

うちの子は暇(ひま)さえあれば、本を読みます。
우리 아이는 틈만 나면 책을 읽습니다.

藤六がうかび上がる。

藤六　権八よ。のこぎり、やっとあったぞい。さあ、おらがうんと切ってやるぞい。おい、権八よ。権八よ。

ピーチクピーチク。

2. ふちの底

うす暗い水の底。真っ黒なうるしがもくもくと積もっている。大きななまずが、とつぜんにょろりととび出して消えていく。やがて上の方から、大きな竜をかついだ権八が下りてくる。そして竜を真ん中にすえる。

- うんと　많이
- うす暗い　조금 어둡다
- もくもくと　뭉게뭉게
- 積もる　쌓이다, 모이다
- なまず　메기
- にょろりと　뱀 등이 몸을 꾸불거리며 기어가는 모양, 꿈틀하고
- とび出す　튀어 나오다
- 消える　사라지다
- ～ていく　(말하는 사람이나 중심에서) 멀어지다, ~해져 가다
- 竜　용
- かつぐ　메다, 짊어지다
- 真ん中　한가운데
- すえる(据える)　자리 잡아 놓다

토로쿠가 떠오른다.

토로쿠   곤파치! 톱 겨우 있었어. 자, 내가 많이 베 줄게. 어이, 곤파치, 곤파치!

지지배배 지지배배.

2. 연못 바닥

조금 어두운 물 밑. 새까만 옻이 뭉게뭉게 쌓여 있다. 큰 메기가 갑자기 꿈틀하고 튀어나왔다가 사라져 간다. 드디어 위쪽에서 커다란 용을 짊어진 곤파치가 내려온다. 그리고 용을 한가운데 놓는다.

権八　(見回して)やあ、こらまあ、なんとたくさんあるこっちゃ。昨日はこれほどとも思わなんだが。(竜に)やい、今日からおめえがこのうるしの番人だ。よう番をして、藤六が来よったらおどかしてやるんだぞ。ええか。(竜の頭をたたく。)うん。どう見ても本物の竜だ。木で作ったとは見えん。われながらこらようできた。これならだれが見ても、びっくりしてにげ出すことうけ合い。そしておらが一人で大金もうけすることもうけ合い。

(見回して)けんど、見れば見るほど[3]たくさんのうるしだ。これだけをおらが独りじめとは、ちっとおそろしい気もするが……ま、これも運が開けたちゅうもんだろう。さあ、すぐ藤六を連れてこうか。(上へ上がっていく。)

- 見回す 둘러보다
- なんと 어쩌면 그렇게
- こっちゃ ~이군, ~이야〈ことでは가 변한 말〉
- これほど 이 정도, 이 만큼
- 番人 지키는 사람, 파수꾼
- よう 잘 =よく
- 番をする 망을 보다, 지키다
- おどかす(脅かす) 놀래키다, 위협하다
- たたく 두드리다
- 本物 진짜, 진품
- われながら 내가 생각해도
- にげ出す 달아나다, 도망치다
- うけ合い 틀림없음
- もうけする 돈 벌다
- ~けんど 그런데
- ちっと 조금, 약간 =ちょっと
- 気 기분, 마음〈気がする 기분이 들다, 느낌이 들다〉
- 運が開ける 운이 트이다
- 連れてこうか 데리고 올까?〈連れてこよう의 옛말〉

곤파치 (둘러보며) 야, 이거 뭐, 엄청나게 많구만. 어제는 이 정도라곤 생각 안 했는데. (용에게) 야, 오늘부터 네가 이 옻을 지키는 사람이야. 망을 잘 보다가 토로쿠가 오면 놀래 주는 거야. 알겠어? (용 머리를 두드린다) 그래. 아무리 봐도 진짜 용이야. 나무로 만든 거론 안 보여. 내가 생각해도 이거 잘 만들었어. 이거라면 누가 봐도 깜짝 놀라서 달아날 것임에 틀림없어. 그리고 내가 혼자서 떼돈을 버는 것도 틀림없어.

(둘러보며) 근데 보면 볼수록 많은 옻이야. 이 만큼을 내가 혼자 독차지하다니 좀 무서운 기분도 들지만……뭐, 이것도 운이 트였다는 거겠지. 자, 바로 토로쿠를 데려올까? (위로 올라간다.)

---

3 ~ば~ほど ~하면 ~할수록
[동사・い형용사 ば형＋동사・い형용사 기본형＋ほど,
な형용사 어간・명사＋であればあるほど]

한 쪽의 정도가 높아짐에 따라 다른 쪽의 상태가 한층 높아진다는 뜻을 나타낸다.

駅は家(いえ)から近ければ近いほどいい。 역은 집에서 가까우면 가까울수록 좋다.

3. ふちのそば

　　権八がふちをのぞきこんでいる。

権八　今に見とれ、藤六のやつ、びっくりぎょうてん、とんで出るぞ。おらがうるしを取ってこいちゅうたら、ばか正直め、さっそくもぐっていきよった。一ぺんあの竜をおがませとけばもう安心。二度ともぐる心配はない。そこでおら様が独りじめだ。あっはっは。

　　スポンと藤六が水の中からとび上がる。

- 今に 이제, 머지 않아
- 見とれ 두고 봐라 〈見ておる (보고 있다)의 명령어〉
- びっくりぎょうてん 기절초풍, 기겁함
- さっそく 재빨리
- 一ぺん(一遍) 한 번
- おがむ 빕다 〈見る의 겸양어〉
- ～とけば ～해 둔다면 =～ておけば
- 二度と 두번 다시
- 心配 걱정
- そこで 그러면, 그래서
- おら様 이 어르신네, 이 몸 〈거들먹거리며 자기를 과시할 때 쓰는 말〉
- スポンと 풍, 쏙

3. 연못 가

곤파치가 연못을 들여다보고 있다.

곤파치 이제 두고 봐라. 토로쿠 놈, 기절초풍해서 튀어 나올걸. 내가 옷을 가져오라고 했더니 고지식한 바보 놈, 빨리도 물속으로 들어갔구만. 한번 저 용을 보게 해 두면 이제 안심이야. 두번 다시 물속에 들어갈 염려는 없어. 그러면 이 몸이 독차지야. 앗핫하.

풍하고 토로쿠가 물속에서 튀어오른다.

藤六　　だ、だいじゃだあ。だいじゃがおったあ。ふちの底にだいじゃがねとったあ。（とんでにげていってしまう。）

権八　　あっはっは。あっはっは。おうい藤六よ、だいじゃではない竜だぞよ。だいじゃよりもおそろしい竜だぞよう。あっはっは。どうれ、それではおら様が仕事にかかるか。……はて、ぶるぶるふるえてきたぞ。あんまりの大金もうけだで武者ぶるいが出たか。ええい権八、しっかりやれ。（ドブン。ブクブクブクブク。）

　　　しばらくそのまま。

- だいじゃ(大蛇) 구렁이
- ねとった 자고 있었다 =ねておった
- にげる 도망가다
- ～ぞよ ～란 말이야〈문장 끝에서 강조나 확인의 기분을 나타냄〉
- どうれ 어디〈どれの 힘줌말〉
- 仕事にかかる 일에 착수하다
- はて 한데, 글쎄〈의심하거나 망설이는 기분을 나타냄〉
- ぶるぶる 부들부들
- ふるえてくる 떨려오다
- 武者ぶるい 전쟁이나 중대한 장면에 임하여 흥분으로 몸이 떨림
- しっかり 똑바로, 확실히
- そのまま 그대로

토로쿠 구, 구렁이야. 구렁이가 있었어. 연못 바닥에 구렁이가 자고 있었어. (튀어나와 달아나 버린다)

곤파치 앗핫하. 앗핫하. 이봐, 토로쿠! 구렁이가 아니라 용이야. 구렁이보다도 무서운 용이란 말야. 앗핫하. 어디, 그럼 이 어르신께서 일을 시작해 볼까? …… 한데, 부들부들 떨려 오는 걸. 엄청난 돈벌이에 온몸이 떨리는 건가? 어이 곤파치, 똑바로 해! (풍덩, 부글부글 부글부글.)

잠시 그대로.

ピーチクピーチク。

藤六がおそるおそるもどってくる。

藤六　（こわごわふちをのぞきこんで）はて　権八はどうしたかいな。おらあんまりこわさににげ出したが、権八一人残しといては気の毒だ。何も知らんでもぐったんではあるまい[4]かな。おうい、権八よう。

スポンと権八がとび上がる。

藤六　わっ。（びっくりして大木のかげに転げこむ。）

権八　た、た、大変だ。りゅ、竜が生きとったあ。大きな口を開けておらをにらんだあ。こ、こらどうしたこっちゃ。わあい。

- おそるおそる(恐る恐る)　조심조심, 쭈뼛쭈뼛
- こわごわ　조심조심
- 〜かいな　〜을까?, 〜일까?〈친밀감을 갖고 묻을 때 쓰는 조사 〜かい에 자기 자신에게 질문하는 기분을 나타내는 〜な가 접속된 말〉
- こわさ　무서움
- 残す　남기다
- 〜とく　〜해 두다〈〜ておく의 줄임말〉
- 気の毒だ　가엾다, 안되었다
- 知らんで　모르고서 ＝知らないで
- かげ　그늘
- 転げこむ　굴러가다, 뒹굴어가다, 구르듯이 뛰어가다
- 生きとった　살아 있었다 ＝生きておった
- 口を開ける　입을 벌리다
- にらむ　노려보다
- わあい　으앙, 앙

지지배배 지지배배

토로쿠가 쭈뼛쭈뼛 돌아온다.

토로쿠 (조심조심 연못을 들여다보며) 헌데,
곤파치는 어찌된 걸까?
나는 너무나 무서워 도망쳤지만,
곤파치 혼자 남겨 두는 건 가엾어.
아무 것도 모르고 물 속으로
들어간 건 아닐까?
어어이! 곤파치!

풍하고 곤파치가 튀어오른다.

토로쿠 앗! (깜짝 놀라 큰 나무 그늘로 구르듯 뛰어간다)
곤파치 크, 크, 큰일 났어. 요, 용이 살아 있었어.
커다란 입을 벌리고 나를 노려봤어.
이, 이게, 어찌 된 일이야? 엉엉.

---

4 〜まい 〜(하)지 않겠지

[1그룹 동사 → 기본형+まい, 2그룹 동사 → ます형・기본형+まい, する → するまい・すまい, 来る → くるまい・こまい]

부정적인 추측과 의지를 나타낸다.

明日のパーティーには、もう行くまいと思った。
내일 파티에는 이미 가지 말아야겠다고 생각했다.

藤六　（大木からそうっと顔を出す。）権八よ。ご、権八よ。

権八　やっ、藤六。た、大変だ。

藤六　おったろが。

権八　おったあ。不思議だあ。

藤六　ど、どうする。む、村中に知らせるか。

権八　不思議だあ。あの竜が、おらをにらんでわあんと口を……。

藤六　わあい。（こしをぬかす。）

権八　わあい。（こしをぬかす。）

　　　二人、しばらくそのまま。

　　　ピーチクピーチク。

☐ そうっと 살그머니 ＝そっと　　☐ 村中 마을, 마을 전체　　☐ こしをぬかす 깜짝놀라다
☐ おる 있다 ＝いる　　☐ 知らせる 알리다
☐ 不思議だ 이상하다, 희한하다　　☐ わあん 왕 하고

토로쿠 (큰 나무에서 살그머니 얼굴을 내민다.) 곤파치, 고, 곤파치!

곤파치 앗! 토로쿠. 크, 큰일났어.

토로쿠 있어?

곤파치 있어. 이상해.

토로쿠 어, 어떻게 하지? 마, 마을 사람들에게 알릴까?

곤파치 이상해. 그 용이 나를 노려보며 왕하고 입을 …….

토로쿠 엉엉. (깜짝 놀란다.)

곤파치 엉엉. (깜짝 놀란다.)

두 사람 잠시 그대로.

지지배배 지지배배.

権八　（やがて）不思議だ。どう考えてもおら不思議だ。

藤六　昨日おらが入った時にゃ、確かに何もおらなんだがなあ。

　　二人、頭をそろえて、おそるおそるふちをのぞきこむ。

　　ピーチクピーチク。

権八　（やがて）藤六よ。

藤六　ん？

権八　あらなあ、あの竜はなあ、実はおらが作った木の竜だ。

藤六　なんだ、木の竜？

権八　そうだ、木竜だ。おらな、おら、実は……まあなんだ、おらとおめえと二人きりであのうるしを取ろうと思うて、あの竜を作って番人にしといjust だ。

□ 時にゃ　때에는 =時には
□ 確かに　확실히, 분명히
□ おらない　없다〈いる의 옛 말인 おる의 부정형〉
□ 頭をそろえる　머리를 맞대다
□ 実は　실은
□ て　동사 기본형에 붙어 가벼운 감동이나 자기 주장을 나타냄

곤파치 (드디어) 이상해. 아무리 생각해도 난 이상해.
토로쿠 어제 내가 들어갔을 때는 확실히 아무 것도 없었는데 말이야.

두 사람 머리를 맞대고 조심조심 연못을 들여다본다.
지지배배 지지배배.

곤파치 (드디어) 토로쿠!
토로쿠 응?
곤파치 있잖아 말야, 그 용은 말야, 실은 내가 만든 나무용이야.
토로쿠 뭐야? 나무용?
곤파치 그래, 나무용. 내가 말야, 나 실은 …… 뭐 뭐랄까, 나와 너 둘이서만 그 옷을 가져야 겠다고 생각해서 그 용을 만들어 망을 보게 해 둔 거야.

藤六　作りもんか？あらあ。なら初めからそう言えばええに。

権八　いやそれがよ、今おらがもぐっていったら、おらをにらんで……。

藤六　そんでもおめえ、木でほった竜が動くわけはないでないか。

権八　だからよ、動くわけのないもんが動いたから、不思議だちゅうだ。

藤六　作りもんなら動きようがない[5]わ。

権八　そ、そら、そういうわけだが……。

藤六　なあんだ、そうかあ。なら、おら　もう一ぺん見てくるわ。

- 作りもん 만든 물건 =作(つく)りもの
- なら 그렇다면
- ～ばええに ～하면 좋을 텐데 =～ばいいのに
- そんでも 그런데 =それでも
- ほる(彫る) 파다, 새기다
- ～わけはない ～할 리가 없다, ～할 이유가 없다

토로쿠	가짜야? 저런, 그렇담 처음부터 그렇게 말하면 좋았을 것을.
곤파치	아니, 그게 말야, 지금 내가 물속에 들어갔더니, 나를 노려보고…….
토로쿠	근데 너, 나무로 판 용이 움직일 리는 없잖아?
곤파치	그러니까 말야, 움직일 리가 없는 게 움직였으니까 이상하다는 거지.
토로쿠	가짜라면 움직일 리가 없어.
곤파치	그, 그, 그렇기는 한데…….
토로쿠	뭐~야, 그래~? 그럼 내가 다시 한번 보고 올게.

5 ~ようがない ~(할) 수 없다 [동사 ます형+ようがない]

'하려고 애를 써도 할 수 없다'는 뜻으로, 어떤 방법이나 수단으로도 불가능함을 나타낸다.

相手(あいて)の電話番号(でんわばんごう)が変(か)わったので、知らせようがありません。 상대방의 전화번호가 바뀌어서 알릴 방법이 없습니다.

権八　よ、よせよ。食われちまうに。

藤六　作りもんと聞いたらおそろしゅうもどうものうなった。ちょっと見てくるわ。(ドブン。ブクブクブクブク。)

権八　お、おい。やい。やあこら、どうしたらええだ。あいつ一口に食われてしまうが。……ああ、おら悪いことをした。おらがよくを出したばっかりに[6]、こら大変なことになってしもた。こらきっと神様がおこって、あの木の竜にたましいを入れなさったにちがいないわ。……けど、やっぱりあのうるしはおしいなあ。

- よせ 그만둬〈よす의 명령형〉
- 食われる 잡아먹히다〈食(く)う의 수동형〉
- ～ちまう ～해 버리다〈～てしまう의 축약형〉
- おそろしゅうもどうも 무섭고 어쩌고
- のうなる 없어지다〈ない의 연용형의 음편형 なう에 동사 なる가 붙은 것 =なくなる〉
- 一口 한 입
- よくを出す 욕심을 부리다
- 神様 하느님, 신
- おこる(怒る) 화내다
- たましい(魂) 영혼
- 入れなさる 넣으시다
- ～にちがいない ～임에 틀림없다
- やっぱり 역시 =やはり
- おしい(惜しい) 아깝다, 애석하다

곤파치	그, 그만 둬. 잡아먹힐 텐데.
토로쿠	가짜라고 들었더니 무섭고 뭐고 없어졌어. 잠깐 보고 올게. (풍덩. 부글부글 부글부글.)
곤파치	어, 어이. 야, 야 이봐! 어쩜 좋지? 저 녀석 한 입에 잡아먹힐 텐데.…… 아아! 내가 나쁜 짓을 했어. 내가 욕심 부린 탓에 이거 큰일이 되어버렸다. 이건 분명히 신이 화나서 그 나무용에게 영혼을 넣으신 게 틀림없어.…… 하지만 역시 그 옷은 아깝단 말이야.

6 ～ばっかりに(＝ばかりに) ～한 탓으로 [동사 た형＋ばかりに]

어떤 일 때문에 그렇게 되었다는 이유를 나타내는데, 뒤에는 나쁜 결과를 나타내는 문장이 와서 말하는 사람의 후회 등의 심정을 나타낸다.

ちょっと目をそらしたばかりに子供がいなくなった。
잠시 눈을 떼었는데 아이가 없어졌다.

藤六が顔を出す。

藤六　おい権八よ。

権八　やっ藤六、おめえ……。

藤六　やっぱり木でほった竜だった。

権八　な、なんだと。

藤六　ついてもたたいても動きゃせんわ。ちょっと見てこんか。

権八　いやだ。確かにおらをにらんで口を開いたに。

藤六　いや　だいじょうぶだ。まあ、ちょっと来てみれちゅうに。（権八を引っ張る。）

権八　い、いやだちゅうに。お、おら、お、おそろしいでよ。

□ つく(突く) 찌르다
□ 動きゃせん 움직이지 않다
　＝動きはしない
□ ～てこんか　～(하)고 오지 않겠어? ＝～てこないか
□ 引っ張る 잡아끌다
□ ～でよ　～이야〈～だよ의 변한 말〉

토로쿠가 얼굴을 내민다.

토로쿠   어이! 곤파치!
곤파치   앗! 토로쿠, 너…….
토로쿠   역시 나무로 만든 용이었어.
곤파치   뭐, 뭐라구?
토로쿠   찔러도 두드려도 움직이지 않아. 좀 보고 오지 않겠어?
곤파치   싫어. 분명히 나를 노려보며 입을 벌렸는데.
토로쿠   아니, 괜찮아. 글쎄 잠깐 와 보라니까. (곤파치를 잡아끈다.)
곤파치   시, 싫다니까. 나, 나, 무, 무서워.

藤六　ええから来てみい。

権八　おいおい、こ、こら、はなさんか。おい。（ドブン。ブクブクブクブク。）

　　ピーチクピーチク。

　　ピーチクピーチク。

4. ふちの底

　さっきのとおり[7]竜がいる。

　藤六が、権八を引っ張って上からもぐってくる。

権八　わあっ、ほれ、動いた。

藤六　なんの、あら水の加減(かげん)でゆらゆら見えるだ。ほれ。（竜の所(ところ)へ来て、頭をたたいてみせる。）ほれ、まちがいなしの木の竜だ。

権八　（遠(とお)くから）そうか。……わっ、おらをにらんだ。

□ はなさんか 놓지 못해? = はなさないか
□ ほれ 이봐〈주위를 환기시킬 때 쓰는 표현 =ほら〉
□ 加減 상태 =ぐあい
□ ゆらゆら 흔들흔들
□ 見える 보이다
□ まちがいなし 틀림없음

토로쿠　괜찮으니까 와 봐.
곤파치　어이, 어이, 이, 이봐, 놓지 못해? 어이! (풍덩. 부글부글 부글부글.)

　　　지지배배 지지배배.
　　　지지배배 지지배배.

4. 연못 바닥

　　조금 전과 마찬가지로 용이 있다.
　　토로쿠가 곤바치를 잡아끌며 위에서 물속으로 들어온다.
곤파치　으악! 봐, 움직였어.
토로쿠　뭘, 저건 물 때문에 흔들려 보이는 거야. 봐. (용이 있는 데로 와서 머리를 두드려 보인다.) 보라구, 틀림없는 나무용이라니까.
곤파치　(멀리서) 그런가? …… 앗! 나를 노려봤어.

7　～とおり　～대로 [동사 종지형, 명사の+とおり]
通り에서 온 표현으로 '~와 같다, ~그대로이다'라는 뜻을 나타낸다.
私の言ったとおりにやってみてください。 내가 말한 대로 해 보세요.

藤六　水の加減だちゅうに。（目をなでる。）

権八　だいじょうぶか、おい。

藤六　だいじょうぶだ。さわってみい。（権八の手を引っ張って、さわらせる。）

権八　な、なるほど。うん、うんうん、こらやっぱり木の竜だ。木竜だ。

藤六　だろが？ けど、さっきはおらもおったまげたぞ。

権八　おらのほうがよっぽどおったまげた。ふうん、やっぱり木竜かあ。（全身をなで回す。……はなれて見て）なあるほど、水がゆれるとゆらゆらっと見えるわ。ああ、安心した。……さっきはほんまに生きとると思うたが……やっぱり悪い事をしとると、気のせいでいろんなふうに見えるもんだ[8]。……悪い事はできんもんだなあ。

- なでる 쓰다듬다, 어루만지다
- さわる 만지다
- さわらせる 만지게 하다〈さわる의 사역형〉
- なるほど 과연
- おったまげる 깜짝 놀라다〈비속어로 おっ은 어감을 강하게 하는 접두어〉
- よっぽど 상당히, 꽤 =よほど
- 全身 전신
- なで回す 어루만지다
- はなれる 떨어지다, 멀어지다
- ゆれる 흔들리다
- ほんまに 진짜로 =ほんとうに
- 気のせい 생각 탓, 기분 탓
- いろんなふうに 여러 가지 방식으로

토로쿠	물 때문이라니까. (눈을 만진다)
곤파치	괜찮아? 이봐!
토로쿠	괜찮아. 만져 봐. (곤파치의 손을 끌어당겨 만져보게 한다)
곤파치	과, 과연. 응, 그래그래, 이거 역시 나무용이야. 나무용이야.
토로쿠	그렇지? 근데 아까는 나도 혼비백산했다니까.
곤파치	내가 더 놀랐어. 흐음, 역시 나무용인가!! (전신을 어루만진다. ······떨어져서 보며) 과아연, 물이 흔들리면 흔들흔들거리는 것처럼 보이네. 아아, 안심했다. ······아까는 진짜로 살아 있다고 생각했는데······ 역시 나쁜 일을 하고 있으면 생각 탓에 여러 가지로 보이는 법이야······. 나쁜 짓은 못 하겠군.

8 **～ものだ ～(하)는 법이다** [동사 기본형＋ものだ]

그렇게 하는 것이 보통이다, 당연하다는 뜻을 나타낸다.

やっぱり人は見かけによらないものだ。
역시 사람은 겉모습만으로는 알 수 없는 법이다.

藤六　安心したろが。さあ、行こう。

権八　けど、安心してみると、やっぱりうるしが気にかかるわ。藤六よ、こらどうするだ。

藤六　そうだなあ。村中みんなで取りに来るか。

権八　どうだ藤六、おらと二人で山分けせんか。
　　　　　　　　　　　　　　　　　　やまわ

藤六　おら、こんなたくさん、こまるわ。それより、村のもん、連れてこう。

権八　……。

藤六　おら、ばあさまと二人きりだで、今のままのきこりで、結構まんま食えるだでなあ。
　　　　　　　　　　　　　　　　　けっこう

権八　……。

藤六　けど、おらどうでもええ。おめえがほしけりゃ、一人で取るさ。なら、おら帰るでよ。

- 気にかかる　마음에 걸리다
- 村中みんなで　마을 사람 모두 함께
- 山分け　눈대중으로 등분함, 절반씩 또는 여럿이 같은 분량으로 나눔
- せんか　~(하)지 않을래? =しないか
- こまる(困る)　곤란하다
- 村のもん　마을 사람
- ~きり　~뿐, ~만
- きこり　나무꾼
- 結構　꽤, 상당히
- まんま　그럭저럭 =まあまあ
- 食える　먹을 수 있다 〈食う(먹다)의 가능형〉
- ~けりゃ　~(하)고 싶다면 〈~ければ의 축약형〉
- ~さ　~거야, ~해 〈가볍게 단언하는 느낌을 나타냄〉

토로쿠 안심했어? 자, 가자.

곤파치 헌데 안심하고 보니 역시 옻이 맘에 걸려. 토로쿠! 이거 어떻게 하지?

토로쿠 글쎄~. 마을 사람들과 함께 가지러 올까?

곤파치 어때, 토로쿠, 나와 둘이서 나누어 갖지 않겠어?

토로쿠 나, 이렇게 많인 곤란해. 그보다 마을 사람 데려오자.

곤파치 …….

토로쿠 나, 할머니와 단 둘이고, 지금처럼 나무꾼으로 꽤 그럭저럭 먹고 살 수 있어서 말야.

곤파치 …….

토로쿠 하지만, 난 아무래도 좋아. 너가 갖고 싶으면 혼자서 다 가져. 그럼, 난 간다.

権八　(考えていたが)藤六よ。

藤六　ん？

権八　おめえは、気立て(きだて)のええやつだなあ。

藤六　なんでや？

権八　(考えて)よし、村のもんを連れてこう。

藤六　そうか。喜ぶ(よろこ)ぞう、みんな。

権八　うん、一人残らず連れてこう。

藤六　ようし、おらがふれて回(まわ)ってやるわ。

権八　たのむでよ。ところで藤六、この木竜はどうしような。

藤六　そうだなあ。

- 気立て　마음씨〈気立てがいい 마음씨가 좋다〉
- 喜ぶ　기뻐하다
- 一人残らず　한 사람도 빠짐없이
- ふれて回る　돌아다니며 알리다〈ふれる 널리 일반에게 알리다〉
- たのむ(頼む)　부탁하다
- ところで　그런데

곤파치 (생각하고 있다가) 토로쿠!
토로쿠 응?
곤파치 넌, 마음씨가 착한 녀석이야.
토로쿠 어째서?
곤파치 (생각하며) 좋았어, 마을 사람을 데려 오자.
토로쿠 그래? 기뻐할 거야, 모두.
곤파치 그래, 한 사람도 남김없이 데리고 오자.
토로쿠 좋았어, 내가 돌아다니며 알려 줄게.
곤파치 부탁해. 근데 토로쿠, 이 나무용은 어쩌지?
토로쿠 글쎄.

権八　そうだなあ。……うん、こらこのまま置いといて、一ぺんだけ村のもんをおどかしてやろう。おらたちだけがおったまげたでは引き合わんわ。

藤六　けど、そら　ちっと気の毒でないか。

権八　なんのおめえ、これだけの上うるしと引っかえだ。気の毒なことがあるか。

藤六　それもそうだな。あっはっは。

権八　あっはっは。

- 置く 두다, 놓다
- 引き合う 보람이 있다, 수지가 맞다
- なんの 뭘(요) 〈대수롭지 않다, 개의치 않는다는 뜻을 나타냄〉
- 引っかえ 바꿈, 교환 ＝ひきかえ

곤파치   글쎄. ……그래, 이건 이대로 두고 딱 한 번만 마을 사람을 놀래켜 주자. 우리들만 기겁해서는 보람이 없잖아.

토로쿠   하지만 그건 좀 불쌍하잖아.

곤파치   뭘 그걸 갖고, 너, 이만큼의 상급 옻이랑 바꾸는 거야. 불쌍하긴 뭐가 불쌍해.

토로쿠   그것도 그렇구나. 앗핫하.

곤파치   앗핫하.

5. ふちのそば

二人が大木の枝にまたがってズイコズイコと切っている。

ピーチクピーチク。

権八　　もうそろそろ、みんな来そうなもんだな。（ズイコズイコ。）

藤六　　うん。おら一けん残らずふれてきただ。（ズイコズイコ。）
　　　　　　いっ

権八　　ご苦労ご苦労。（ズイコズイコ。）
　　　　　く ろう

ピーチクピーチク。

ズイコズイコ。

□ またがる　올라타다, 걸터앉다
□ そろそろ　슬슬
□ ～そうだ (동사 ます형에 붙어) ~할 것 같다
□ ～けん(軒) ~집, ~채 〈집이나 건물 등을 셀 때 쓰는 조수사〉
□ ご苦労　수고, 수고함

5. 연못 가

둘이 나뭇가지에 걸터앉아 쓱싹쓱싹 톱질을 하고 있다.
지지배배 지지배배.

곤파치   이제 슬슬, 모두 올 것 같은데? (쓱싹쓱싹.)
토로쿠   응. 내가 한 집도 남김없이 알리고 왔어. (쓱싹쓱싹.)
곤파치   수고했어, 수고했어. (쓱싹쓱싹.)

지지배배 지지배배.
쓱싹쓱싹.

権八　（しばらくして）おい、藤六。

藤六　あいよ。（ズイコズイコ。）

権八　おらののこぎりは、えろう切れるぞ。（ズイコズイコ。）

藤六　すまんすまん。おらすっかりわすれとって、やっとよんべ目立(めた)てをしたちゅうわけだ。（ズイコズイコ。）

権八　いや、おらはうるしのことでさわぎ回(まわ)って、昨日まで仕事をなまけとった。よんべ目立てをしてくれて、ちょうどありがたかったちゅうわけだ。（ズイコズイコ。）

ピーチクピーチク。

ズイコズイコ。

□ えろう　대단히, 굉장히 〈えらい가 변한 말〉
□ すまん　미안 ＝すまない
□ さわぎ回る　떠들고 돌아다니다
□ なまける　게으름피우다
□ よんべ　어젯밤
□ わけ　일의 경과, 사정, 도리

곤파치 (잠시 후) 어이, 토로쿠!

토로쿠 응. (쓱싹쓱싹.)

곤파치 내 톱, 진짜 잘 들어. (쓱싹쓱싹.)

토로쿠 미안, 미안. 나 완전히 잊어버려서, 겨우 어젯밤 날을 갈았거든. (쓱싹쓱싹.)

곤파치 아니, 난 옻 때문에 떠들고 돌아다니다 어제까지 일을 게을리하고 있었어. 어젯밤 날을 갈아 주어서 때마침 고마웠다는 거야. (쓱싹쓱싹.)

지지배배 지지배배.

쓱싹쓱싹.

権八　（やがて手を休めて）実はな、藤六。

藤六　あいよ。（ズイコズイコ。）

権八　みんな言うてしまうがな。おら、おめえと二人きりでうるしを取ろうと思うとったちゅうたけどな、あらうそだ。

藤六　そうか。（ズイコズイコ。）

権八　実はなんだ、おらが独りじめにしようと思うて、あの木竜はおめえをおどかすために作っただ。

藤六　そうか、おら、あれほどおったまげたこたなかった。（ズイコズイコ。）

権八　いや　すまんすまん。

☐ あら　그건 ＝あれは　　☐ ～ために　～를 위해서, ~때문에　　☐ あれほど　그만큼
☐ うそ　거짓말

곤파치   (드디어 손을 놓으며) 실은 말이야, 토로쿠!

토로쿠   응. (쓱싹쓱싹.)

곤파치   모두 말해 버리는 건데. 나, 너랑 단 둘이 옻을 가지려고 생각했다고 말했는데 말이야, 그거 거짓말이야.

토로쿠   그래? (쓱싹쓱싹.)

곤파치   실은 뭐냐 하면 말이야, 내가 혼자 차지하려고, 그 나무용은 너를 놀래 주려고 만든 거야.

토로쿠   그래? 나 그만큼 기절초풍한 적은 없었어. (쓱싹쓱싹.)

곤파치   아, 미안 미안.

藤六　　あっはっは。

権八　　あっはっは。

　　ピーチクピーチク。

　　ズイコズイコ。

権八　　やっ、来た来た。

藤六　　やあ、おうい、みなのしゅう、待っとったぞうい。

権八　　あっはっは。みんな一ぺんずつおどかされることも知らんで、大喜びで登ってきよる。

藤六　　はあ、やっぱり、ちっと気の毒だのう。

権八　　なんのおめえ、あれだけの上うるしと引っかえだ。ちっとぐらいはおったまげても、わっ……。（権八のまたがっていた枝がポキン。ドブン。ブクブク。）

- みなのしゅう 여러분, 모두
- ～ずつ ~씩
- おどかされる 기절초풍하다, 놀래킴을 당하다 〈おどかす의 수동형〉
- 知らんで 모르고 ＝知らないで
- 大喜び 아주 기뻐함
- 登る 오르다 ↔ 下(くだ)る 내려오다

토로쿠　　앗핫하.

곤파치　　앗핫하.

　　　　　지지배배 지지배배.

　　　　　쓱싹쓱싹.

곤파치　　앗! 왔다, 왔다.

토로쿠　　야아, 어이, 여러분 기다리고 있었어~.

곤파치　　앗핫하! 모두 한 번씩 기절초풍할 것도 모르고 아주 기뻐하며 올라오고 있어.

토로쿠　　허! 역시 좀 불쌍해.

곤파치　　뭐야 그걸 갖고 너, 저 만큼의 상급 옷과 바꾸는 거야. 조금 정도 기절초풍해도, 앗……. (곤파치가 걸터앉아 있던 나뭇가지가 툭. 풍덩. 부글부글.)

藤六　やれ権八、おったまげるのはまだ早いぞい。あっはっは。おういおうい、みなのしゅう、はようはよう、かけ足だあ。権八が真っ先にもぐったぞうい。（のこぎりをふり回す。）

　　　ピーチクピーチク。

　　　ピーチクピーチク。

토로쿠 야, 곤파치, 놀라긴 아직 일러. 앗핫하. 어어이, 어어이, 여러분, 빨리 빨리 뛰어요. 곤파치가 제일 먼저 물 속으로 들어갔어. (톱을 휘두른다.)

지지배배 지지배배.
지지배배 지지배배.

おみやげ

星新一(ほししんいち)

フロル星人(せいじん)たちの乗(の)った一台(いちだい)の宇宙船(うちゅうせん)は、星々(ほしぼし)の旅(たび)を続(つづ)けるとちゅう、ちょっと地球(ちきゅう)へも立(た)ち寄(よ)った。しかし、人類(じんるい)と会(あ)うことはできなかった。なぜなら、人類が出現(しゅつげん)するよりずっと昔(むかし)のことだったのだ。

フロル星人たちは宇宙船を着陸(ちゃくりく)させ、ひと通(とお)りの調査(ちょうさ)をしてから、こんな意味(いみ)のことを話(はな)し合(あ)った。

- □ おみやげ(お土産) 기념품, 선물
- □ ～星人 ～별에 사는 사람
- □ ～台 ～대〈차량이나 기계 등을 셀 때 쓰는 조수사〉
- □ 宇宙船 우주선
- □ 星々 별나라, 별들
- □ 旅 여행
- □ 続ける 계속하다
- □ とちゅう(途中) 도중
- □ 地球 지구
- □ 立ち寄る 들르다
- □ 人類 인류
- □ なぜなら 왜냐하면
- □ 出現 출현
- □ ずっと 훨씬
- □ 着陸 착륙 ↔ 離陸(りりく) 이륙
- □ ひと通り 대략, 대강
- □ 調査 조사
- □ ～てから ~(하)고 나서
- □ 意味 뜻, 의미
- □ 話し合う 이야기 나누다

선물

호시 신이치

'프롤' 별 사람들이 탄 한 대의 우주선은 별나라 여행을 계속하던 도중 잠시 지구에도 들렀다. 그러나 인류와 만나지는 못했다. 왜냐하면 인류의 출현보다 훨씬 더 옛날 일이었기 때문이다.

프롤 별 사람들은 우주선을 착륙시키고 대략적인 조사를 하고 나서 이런 뜻의 말을 나눴다.

「どうやら、わたしたちのやって来るのが、早すぎたようですね。この星には、まだ、文明らしきものはありません。最も知能のある生物といったら、サルぐらいなものです。もっと進化したものが現れるには、しばらく年月がかかります。」

「そうか。それは残念だな。文明をもたらそうと思って立ち寄ったのに。しかし、このまま引き上げるのも心残りだ。」

「どうしましょうか。」

「おみやげを残して、帰るとしよう。」

- どうやら 아무래도, 어쩐지
- やって来る 찾아오다
- ~すぎる (동사 ます형에 붙어) 너무 ~하다
- 文明 문명
- ~らしき (명사에 붙어)~답다, ~스럽다 〈~らしい의 옛말〉
- 最も 가장
- 知能 지능
- 生物 생물
- サル 원숭이
- ~ぐらい ~정도
- 進化 진화
- 現れる 나타나다
- 年月 세월, 연월
- かかる 걸리다
- 残念 유감
- もたらす 가져오다, 초래하다
- 引き上げる 철수하다, 귀환하다
- 心残り 마음에 걸림, 미련
- ~とする ~(하)기로 하다

"아무래도 우리들이 찾아 온 것이 너무 일렀던 것 같습니다. 이 별에는 아직 문명이라고 할 만한 것은 없습니다. 가장 지능이 있는 생물이라면 원숭이 정도입니다. 더 진화된 것이 나타나려면 어느 정도 세월이 걸리겠습니다."

"그래? 그거 참 유감이군. 문명을 가져다 줄 생각으로 들른 건데. 하지만 이대로 철수하는 것도 마음에 걸리는데."

"어떻게 할까요?"

"선물을 남기고 돌아가도록 하자."

1 ～といったら ～(이)라고 하면 [명사+といったら]

감동·놀람·실망 등의 감정을 갖고 어떤 사실을 화제로 삼을 때 쓰는 표현이다.

うちの長男(ちょうなん)のまじめさといったら、親の方が頭が下がる。
우리 장남의 성실함이란, 부모도 감탄한다.

フロル星人たちは、その作業に取りかかった。金属製の大きなタマゴ形の容器を作り、その中にいろいろの物を入れたのだ。

　簡単に宇宙を飛び回れるロケットの設計図。あらゆる病気を治し、若がえることのできる薬の作り方。みなが平和にくらすにはどうしたらいいかを書いた本。さらに、文字が通じないといけないので、絵入りの辞書をも加えた。

　「作業は終わりました。将来、住民たちがこれを発見したら、どんなに喜ぶことでしょう。」

- 取りかかる　착수하다, 시작하다
- 金属製　금속제
- タマゴ(卵)　약알, 달걀
- 容器　용기
- 簡単に　간단하게, 쉽게
- 飛び回れる　날아다닐 수 있다〈飛び回る의 가능형〉
- ロケット　로켓
- 設計図　설계도
- あらゆる　모든, 온갖
- 治す　(병을) 치료하다, 고치다
- 若がえる　젊음을 되찾다, 젊어지다
- 薬　약
- 作り方　만드는 법
- みな　모두
- 平和に　평화스럽게
- さらに　또한, 그리고, 더 한층
- 文字　문자, 글자
- 通じる　통하다
- いけない　안 되다
- 絵入り　그림이나 삽화가 들어가 있는 것
- 加える　첨가하다, 보태다
- 将来　장래, 미래
- 住民　주민
- 発見　발견

프롤 별 사람들은 그 작업에 착수했다. 금속제의 커다란 달걀 모양의 용기를 만들어 그 안에 여러 가지 물건을 넣은 것이다.

간단하게 우주를 날아다닐 수 있는 로켓 설계도. 모든 병을 치료하고 젊음을 되찾을 수 있는 약의 조제법. 모두가 평화롭게 살기 위해서는 어떻게 하면 좋을지를 쓴 책. 또한 문자가 통하지 않으면 안 되기 때문에 그림이 들어간 사전도 추가했다.

"작업은 끝났습니다. 훗날 주민들이 이것을 발견한다면 얼마나 기뻐하겠습니까?"

「ああ、もちろんだとも。」

「しかし、早く開けすぎて、価値のある物とも知らずにすててしまうことはないでしょうか。」

「これは、じょうぶな金属でできている。これを開けられるぐらいに文明が進んでいれば、書いてあることを理解できるはずだ。」

「そうですね。ところで、これをどこに残しましょう。」

「海岸ちかくでは、津波にさらわれて海の底にしずんでしまう。山の上では、噴火したりするといけない。それらの心配のない、なるべくかんそうした場所がいいだろう。」

- □ ～とも　～(이)고말고
- □ ～ず　(동사의 ない형에 붙어) ～(하)지 않고
- □ できる　생기다, 만들어지다
- □ 進む　나아가다, 전진하다
- □ ～てある　(타동사에 붙어) ～되어 있다, ~어져 있다 〈행위의 결과를 나타냄〉
- □ 理解　이해
- □ ～はず　～할 터, ~일 것 〈당연히 그렇게 되어야 함을 나타냄〉
- □ ところで　그런데, 그건 그렇고
- □ 海岸　해안
- □ ちかく(近く)　근처 ＝近所(きんじょ)
- □ 津波　해일
- □ さらわれる　휩쓸리다 〈さらう(휩쓸다)의 수동형〉
- □ しずむ(沈む)　가라앉다 ↔浮(う)かぶ 떠오르다
- □ 噴火　분화
- □ それら　그것들
- □ 心配　걱정
- □ なるべく　되도록, 될 수 있는 대로
- □ かんそう(乾燥)　건조

"아, 물론 그렇고말고."
"하지만 너무 일찍 열어서 가치가 있는 것인 줄도 모르고 버려 버리는 일은 없을까요?"
"이것은 탄탄한 금속으로 되어 있다. 이것을 열 수 있을 정도로 문명이 발전되어 있다면, 쓰여 있는 것을 이해할 수 있을 것이다."
"그렇군요. 그런데 이것을 어디에 남겨둘까요?"
"해안 근처에서는 해일에 휩쓸려 바다 밑바닥에 잠겨 버릴 것이다. 산 위에서는 화산이 폭발하거나 하면 안 된다. 그런 걱정이 없는 가능한 한 건조한 장소가 좋을 것이다."

フロル星人たちは、海からも山からもはなれた、さばくの広がっている地方を選び、そこに置いて飛び立っていった。

　砂の上に残された大きな銀色のタマゴは、昼間は太陽を反射して強く光り、夜には月や星の光を受けて静かにかがやいていた。開けられるときを待ちながら。

　長い長い年月がたっていった。地球の動物たちも少しずつ進化し、サルの仲間の中から道具や火を使う種族、つまり人類が現れてきた。なかには、これを見つけた者があったかもしれない。だが、気味悪がって近寄ろうとはしなかったろうし、近づいたところで[2]、正体を知ることはできなかったにちがいない。

- はなれる(離れる) 떨어지다, 멀어지다
- さばく(砂漠) 사막
- 飛び立つ 날아오르다
- 砂 모래
- 銀色 은색
- 昼間 낮, 주간 ↔ 夜間(やかん) 야간
- 反射 반사
- 光 빛 ↔ 影(かげ) 그림자
- 受ける 받다
- かがやく 빛나다, 반짝이다
- たつ(経つ) (시간, 세월이) 지나다, 흐르다
- 仲間 무리, 동료
- 種族 종족
- つまり 요컨대
- 〜かもしれない 〜(일)지도 모른다
- 気味悪がる 기분 나빠하다
- 近寄る 다가가다, 접근하다 =近付(ちかづ)く
- 正体 정체
- 〜にちがいない 〜임에 틀림없다

프롤 별 사람들은 바다에서도 산에서도 떨어진 사막이 펼쳐져 있는 지방을 선택하여 거기에 두고 날아올라 갔다.
　모래 위에 남겨진 커다란 은색 달걀은 낮에는 태양을 반사해서 강하게 빛나고, 밤에는 달이나 별 빛을 받아 조용히 반짝이고 있었다. 열려질 날을 기다리면서.
　아주 오랜 세월이 지났다. 지구의 동물들도 조금씩 진화하고 원숭이 무리 중에서 도구나 불을 사용하는 종족, 즉 인류가 나타나게 되었다. 그 중에는 이것을 발견한 녀석이 있었을지도 모른다. 하지만 기분 나빠하며 다가가려고는 하지 않았을 것이고, 다가간들 정체를 알 수는 없었음에 틀림없다.

2　**～(た)ところで　～했댔자, ～해 보았자** [동사 た형+ところで]
　어떤 행동의 결과가 기대에는 미치지 못함을 나타내는 표현으로, 문말에는 항상 부정 표현이 온다.

　走って行ったところで、もう間に合わない。 뛰어가 보았자 이미 늦었다.

銀色のタマゴは、ずっと待ち続けていた。さばく地方なので、めったに雨はふらなかった。もっとも、雨でぬれてもさびることのない金属でできていた。

　ときどき強い風がふいた。風は砂を飛ばし、タマゴをうめたりもした。しかし、うめっぱなしでもなかった。別な風によって、地上に現れることもある。これが何度となくくり返されていたのだった。

　また、長い長い年月が過ぎていった。人間たちは、しだいに数が増え、文明も高くなってきた。

- ずっと 줄곧, 훨씬
- 待ち続ける 계속 기다리다
- めったに (뒤에 부정어가 와서) 거의, 좀처럼
- もっとも 하기야, 하지만
- ぬれる 젖다
- さびる(錆びる) 녹슬다
- 飛ばす 날리다
- うめる(埋める) 묻다
- ～っぱなし (동사 ます형 붙어) ~인 채로 놓아둠, ~한 채로 임〈つけっぱなし 계속 켜 둠〉
- 別な 다른
- ～によって ~에 의해서
- 何度となく 몇 번이랄 것도 없이
- くり返される 반복되다〈くり返(かえ)す의 수동형〉
- 過ぎる 지나다, 흘러가다
- しだいに 점차로
- 増える 증가하다, 늘어나다

은색 달걀은 줄곧 계속해서 기다리고 있었다. 사막 지방이라서 거의 비는 내리지 않았다. 하기야 비에 젖어도 녹슬 일이 없는 금속으로 만들어져 있었다.

때때로 강한 바람이 불었다. 바람은 모래를 날려 달걀을 묻기도 했다. 그러나 묻혀버린 채 그대로 있는 것도 아니었다. 다른 바람에 의해 땅 위로 나타나는 일도 있다. 이것이 수없이 반복되고 있었던 것이었다.

또 긴 긴 세월이 흘러갔다. 인간들은 점차로 수가 증가하고 문명도 발달하게 되었다.

そして、ついに、金属製のタマゴのわれる日が来た。しかし、砂の中から発見され、喜びの声とともに開かれたのではなかった。下にそんな物がうまっているとは少しも気づかず、そのさばくで核兵器の実験が行われたのだ。その爆発はすごかった。容器の外側の金属ばかりでなく、なかにつめてあった物まで、すべてをこなごなにし、あとかたもなく焼きつくしてしまったのだ。

- □ ついに 드디어, 마침내 =とうとう
- □ われる(割れる) 깨지다
- □ ともに 함께, 같이
- □ 開かれる 열려지다〈開くの 수동형〉
- □ うまる 묻히다, 파묻히다
- □ 気づく 눈치채다
- □ 核兵器 핵무기
- □ 実験 실험
- □ 行われる 행해지다〈行うの 수동형〉
- □ 爆発 폭발
- □ 外側 바깥 쪽 ↔ 内側(うちがわ) 안쪽
- □ ~ばかりでなく ~뿐만 아니라
- □ つめる 채우다, 담다
- □ すべて 모두, 전부
- □ こなごな 산산조각〈こなごなになる 산산조각이 나다〉
- □ あとかた(跡形) 흔적, 자취
- □ 焼きつくす 다 태우다
- □ ~つくす (동사 ます형에 붙어) 다 ~하다, ~해 버리다

그리고 드디어 금속제 달걀이 깨지는 날이 왔다. 그러나 모래 속에서 발견되어 환호 소리와 함께 열린 것은 아니었다. 아래에 그런 것이 파묻혀 있다고는 조금도 눈치채지 못하고 그 사막에서 핵무기 실험이 행해졌던 것이다. 그 폭발은 굉장했다. 용기 바깥 쪽 금속뿐만 아니라 안에 채워져 있던 것까지 모든 것을 산산조각내어 흔적도 없이 다 태워 버린 것이다.

子ねこをだいて

那須正幹

動物がかえないことはわかっていた。それでも、つい家につれてかえったのは、そのねこが、ずっとぼくのあとをついてきたからだ。

　白いふわふわ毛のからだ、頭とせなかのまわりに、うすいふじ色のもようがはいっている。生まれて一か月ぐらいだろうか。だくと、わきのしたに鼻づらをつっこんで、おっぱいをさぐりはじめた。ぼくを、母親とまちがえているらしい。

새끼 고양이를 품에 안고

나스 마사모토

동물을 키울 수 없다는 건 알고 있었다. 그런데도 그만 집으로 데리고 온 건 그 고양이가 계속해서 내 뒤를 따라왔기 때문이다.

하얀 복슬복슬한 털이 덮인 몸, 머리와 등 언저리에 연한 연보랏빛 무늬가 들어 있다. 태어난 지 한 달 정도일까? 안았더니 겨드랑이 밑에 콧등을 파묻고 젖을 찾기 시작했다. 나를 엄마로 착각한 모양이다.

- 子ねこ 새끼 고양이
- だく 안다
- かえる(飼える) 기를 수 있다, 사육할 수 있다 〈かう의 가능형〉
- つい 그만
- つれてかえる 데리고 돌아오다
- ついてくる 따라오다
- ふわふわ毛 복슬복슬한 털
- まわり(周り) 둘레, 부근
- うすい(薄い) 옅다
- ふじ色 연보라
- もよう(模様) 무늬, 도안
- 生まれる 태어나다
- わき 겨드랑이
- 鼻づら 콧등, 코끝 = はなっつら
- つっこむ 처박다, 쑤셔 넣다
- おっぱい 젖가슴
- さぐる 찾다, 더듬다
- ~はじめる (동사 ます형에 붙어) ~(하)기 시작하다
- まちがえる(間違える) 착각하다, 잘못알다 = とりちがえる

「うわあ、ねこじゃないの。」

家にはいると、妹のリエが、歓声をあげた。

「どうしたの。」

「かわいいだろ。公園のうらでひろったのさ。」

「ねえ、おにいちゃん。うちでかっちゃあだめ。」

リエが、うわめづかいにぼくをみた。

ぼくがこたえようとしたら、台所のドアがあいて、おかあさんの顔がのぞいた。

「リエ、いけません。おにいちゃん、どうしてねこなんかつれてかえったの。うちでかえないこと、わかっているでしょ。」

- **歓声をあげる** 환성을 지르다
- **公園** 공원
- **うら(裏)** 뒤, 뒤쪽
- **ねえ** 그런데, 있잖아, 저기 〈다정하게 말을 걸거나 다짐할 때 씀〉
- **〜ちゃ(あ)** 〜해서는 〈〜ては의 축약형〉
- **だめ** 불가함, 해서는 안 됨
- **うわめづかい** 눈을 치켜 뜸 ↔ **しためづかい** 눈을 내리 뜸
- **〜(よ)うとしたら** (동사 う형에 붙어) 〜(하)려고 하자
- **のぞく** (일부분이) 밖에 나타나다, 내다보이다
- **〜なんか** 〜같은 것

"와! 고양이 아냐?"
집에 들어가자 여동생 리에가 환성을 질렀다.
"어떻게 된 거야?"
"귀엽지? 공원 뒤에서 주운 거야."
"근데, 오빠. 집에서 키우면 안 돼."
리에가 눈을 위로 뜨며 나를 바라보았다.
내가 대답하려고 하자 부엌문이 열리며 엄마의 얼굴이 보였다.
"리에, 안 돼. 얘야, 왜 고양이 같은 걸 데려왔어? 집에서 키울 수 없다는 거 알고 있지?"

ぼくの家では、四年前から動物がかえなくなってしまった。リエがぜんそくになったからだ。この病気の人は、動物の毛をすいこまないほうがよいのだそうだ。
　でも、去年の秋から、リエはいちどもぜんそくの発作をおこしていない。そろそろ、ねこぐらいかえるかもしれないと思ったのだが——。
　けっきょく、子ねこは、もとの場所にもどしてくることになった。
　にぼしをひとつかみポケットにつっこんで、おもてにでると、リエも、だまってあとからついてきた。

- ぜんそく(喘息) 천식
- 毛 털
- すいこむ(吸い込む) 들이마시다, 호흡하다
- ～ほうがよい (동사 기본형・た형에 붙어) ～(하)는 편이 낫다
- ～そうだ (동사・い형용사・な형용사의 기본형・명사다에 붙어) ～라고 한다 〈전문을 나타냄〉
- いちども(一度も) 한 번도
- 発作 발작
- おこす(起こす) 일으키다
- そろそろ 슬슬
- ～かもしれない ～일지도 모른다
- けっきょく(結局) 결국
- もと 원래
- もどす(戻す) 돌려주다
- にぼし 쪄서 말린 멸치〈にぼしいわし의 준말〉
- ひとつかみ 한 움큼, 한 줌
- ポケット 호주머니, 포켓
- おもて(表) (가옥 등의) 바깥, 겉
- だまる(黙る) 잠자코 있다, 침묵하다

우리 집에서는 4년 전부터 동물을 키울 수 없게 되어 버렸다. 리에가 천식에 걸렸기 때문이다. 이 병을 가진 사람은 동물의 털을 들이마시지 않는 것이 좋다고 한다.

하지만 작년 가을부터 리에는 한 번도 천식 발작을 일으키지 않았다. 이제 슬슬 고양이 정도는 키울 수 있을지도 모른다고 생각했던 것인데——.

결국 새끼 고양이는 원래 장소에 되돌려놓고 오기로 되었다.

말린 멸치를 한 움큼 호주머니에 쑤셔 넣고 밖으로 나오자 리에도 잠자코 뒤에서 따라왔다.

公園のうらは、せまい空き地になっていた。空き地と生けがきのあいだのみぞにそっとおろすと、子ねこがぼくをみあげて、ミャーミャーなきはじめた。

　そのとき、空き地のむこうの家からおじさんがとびだしてきて、すごいいきおいで、ぼくらのそばまでかけてきた。

「こら、ねこをすてたらだめじゃないか。」

「あのう、このねこ、ぼくがすてたんじゃありません。」

　ぼくはいっしょうけんめい説明したけれど、おじさんはまるで信用してくれない。

- 空き地　공터, 빈터
- 生けがき　생울타리;살아 있는 나무를 빽빽하게 이어 심어 만든 울타리
- あいだ(間)　사이
- みぞ　도랑, 개천, 좁고 긴 홈
- そっと　살그머니
- おろす(下ろす)　내려놓다
- みあげる(見上げる)　올려다 보다
- ミャーミャー　야옹야옹
- なきはじめる　울기 시작하다
- むこう(向こう)　맞은편, 건너편
- とびだす(飛び出す)　뛰어나오다
- いきおい(勢い)　기세
- ぼくら　우리들
- かけてくる　달려오다
- こら　(꾸짖거나 할 때 강하게 부르는 말) 얘들아, 이놈, 이봐
- 説明　설명
- ～けれど　～했지만, ～이지만 ＝けれども
- まるで　전혀 ＝まったく
- 信用　신용

공원 뒤는 좁은 공터로 되어 있었다. 공터와 생울타리 사이의 홈에 살그머니 내려놓았더니 새끼 고양이가 나를 올려다보며 야옹야옹 울기 시작했다.

그때 공터 건너편 집에서 아저씨가 뛰어나와 굉장한 기세로 우리들 옆까지 달려왔다.

"얘들아, 고양이를 버리면 안 되지?!"

"저, 이 고양이, 제가 버린 게 아니에요."

나는 열심히 설명했지만 아저씨는 전혀 믿어주지 않는다.

「子どもがうそをついちゃあいかんなあ。ちゃんとみておったんだぞ。生き物をすてるもんじゃあない。家でかってやりなさい。」

しかたなく、ぼくは、ねこをだいてあるきだした。おじさんは、道路のまんなかにたって、ぼくらをみはっている。

「おにいちゃん、どうするの。」

リエが、うしろをふりかえりふりかえりしながら、ぼくにたずねた。

「だれか、かってくれる人をさがすさ。」

ぼくは、元気よくこたえて、足をはやめた。

- うそをつく 거짓말하다
- ～ちゃいかん ～해서는 안 된다 ＝～てはいけない
- ちゃんと 틀림없이, 분명히
- おる 있다〈자신이나 상대방의 동작을 경시하거나 비하하는 기분이 강함〉
- 生き物 동물, 살아 있는 것
- ～てやる (내가 남에게) ～해 주다
- しかたなく 할 수 없이
- 歩き出す 걷기 시작하다
- ～だす (동사 ます형에 붙어) ～하기 시작하다
- みはる(見張る) 지켜보다, 눈을 크게 뜨고 보다
- ふりかえる(振り返る) 뒤돌아보다, 회고하다
- たずねる(尋ねる) 묻다
- さがす(探す) 찾다
- 元気よく 활기차게
- はやめる 빨리하다, 서두르다

"어린이가 거짓말하면 못 쓰지. 틀림없이 보고 있었는데. 동물을 버리는 게 아냐. 집에서 키우거라."

하는 수 없이 나는 고양이를 안고 걷기 시작했다. 아저씨는 도로 한가운데 서서 우리들을 지켜보고 있다.

"오빠, 어떻게 해?"

리에가 뒤를 자꾸 돌아보며 나에게 물었다.

"누군가 키워 줄 사람을 찾지 뭐."

나는 씩씩하게 대답하고 걸음을 재촉했다.

1　〜ものじゃない(＝ものではない)　〜해서는 안 된다, 〜하는 게 아니다
[동사 기본형＋ものではない]

금지를 나타내는 표현으로, 충고를 하는 듯한 경우에도 사용한다.

友達をいじめるものではない。친구를 괴롭혀서는 안 된다.

こんなかわいい子ねこなら、だれだってほしがるにちがいない。そうかんがえて、動物ずきの友だちの家を四、五けんまわったけれど、けっかはさんざんだった。ねこのすきな家では、もうかっているし、かっていない家には、それなりの事情があるのだ。

「わたしはほしいんだけどね。パパはねこがきらいなのよ。ばけるから、いやなんだって。」

いちばん有望だとおもった佐々木さんにことわられると、もう、ぼくには、ゆくあてがなくなってしまった。

青かった空が、いつのまにか黄色っぽくなっていた。

ふと、むかいのあたらしい家のまえに、三歳ぐらいの男の子がたって、こっちをみているのに気がついた。

이런 귀여운 새끼 고양이라면 누구든지 갖고 싶어할 것임에 틀림없어. 그렇게 생각하며 동물을 좋아하는 친구 집을 네, 다섯 집 돌아다녀 봤지만 결과는 형편없었다. 고양이를 좋아하는 집에서는 이미 키우고 있고, 키우고 있지 않은 집에는 그 나름의 사정이 있는 것이다.

"나는 원하긴 하지만 말이야. 아빠 고양이를 싫어해. 둔갑해서 싫대."

가장 유망하다고 생각했던 사사키에게 거절당하자, 이제 나에게는 갈 곳이 없어져 버렸다.

파랗던 하늘이 어느 샌가 노란 빛을 띠게 되었다.

문득 맞은편 새 집 앞에 세 살 가량의 남자 아이가 서서 이쪽을 보고 있는 것을 알아챘다.

- ~なら ~(이)라면
- ~だって ~도, ~(이)라도
- ほしがる 갖고 싶어하다
- ~ずき (명사 등에 붙어) ~을 좋아함 〈人好(ひとず)き 사람을 좋아함〉
- まわる(回る) 돌다, 돌아다니다
- けっか(結果) 결과
- さんざん 결과나 상태가 지독히 나쁨, 형편없음
- それなり 그 나름
- 事情 사정
- ばける(化ける) 변신하다, 둔갑하다
- ~って ~라고 하다, ~래 〈인용을 나타냄〉
- 有望 유망
- ことわられる(断られる) 거절당하다 〈断る의 수동형〉
- ゆくあて(行く当て) 갈 곳, 목적지 〈当て 목표, 희망, 기대, 의지〉
- いつのまにか 어느 샌가
- ~っぽい ~의 경향이 강하다, ~성향을 띠다
- ふと 문득
- むかい 맞은편
- 気がつく 눈치채다, 알아채다

「ねこ、すきか。」

ぼくがきくと、男の子はこっくりうなずいた。

「ほしいか。」

もういちどきくと、もういちどうなずいたので、子ねこをだかせてやった。

男の子は、小さなうでで力いっぱい子ねこをだきしめた。ねこがめいわくそうにもがくけれど、男の子は、いよいよ力をこめてだきしめる。

「かわいがってやるんだぞ。あっ、それからこれ、食べさせてやれよ。」

ぼくは、にぼしをつまみだして、男の子のポケットにいれてやった。男の子は、うれしそうにねこをかかえて、家のなかにはいっていった。

- □ こっくり 끄덕, 꾸벅
- □ うなずく 고개를 끄덕이다, 수긍하다
- □ だかせる 안게 하다〈だく의 사역형〉
- □ 力いっぱい 힘껏
- □ だきしめる 끌어안다
- □ めいわく 성가심, 귀찮음
- □ もがく 버둥거리다, 허우적거리다
- □ いよいよ 더욱 더, 점점 = ますます
- □ こめる 담다, 기울이다
- □ それから 그리고 (나서)
- □ つまみだす (손가락으로) 집어 꺼내다
- □ いれる(入れる) 넣다
- □ かかえる(抱える) 껴안다

"고양이, 좋아하니?"
내가 묻자 남자 아이는 끄덕하고 고개를 끄덕였다.
"갖고 싶어?"
다시 한번 묻자 한 번 더 끄덕이기에 새끼 고양이를 안겨 주었다.
남자 아이는 작은 팔로 힘껏 새끼 고양이를 끌어안았다. 고양이가 귀찮은 듯 버둥거리지만 남자 아이는 더욱 더 힘을 주어 끌어안는다.
"귀여워해 줘야 돼. 참, 그리고 이거 먹여 줘."
나는 말린 멸치를 꺼내 남자 아이의 주머니에 넣어 주었다. 남자 아이는 기쁜 듯 고양이를 안고 집 안으로 들어갔다.

ぼくとリエは、おもわず顔をみあわせた。わかれはつらいけれど、子ねこのしあわせのためにがまんしよう。

五分もあるいたろうか。自転車がうしろからおいかけてきて、ぼくのよこで急停車した。ハンドルをにぎっているのは、しらないおばさんだったが、荷台にのっかっていたのは、子ねこをだいたさっきの男の子だった。

「タクヤ、このおにいちゃんなのね。」

おばさんは、まず、男の子にねんをおしてから、ぼくの顔をじろりとにらんだ。

「ちょっと、こまるじゃないの。小さい子どもにねこをおしつけて——。うちは、ねこなんかいりませんからね。」

- □ おもわず(思わず) 무심코, 생각 없이
- □ みあわせる(見合わせる) 마주보다
- □ わかれ(別れ) 헤어짐, 이별
- □ つらい 괴롭다, 슬프다
- □ しあわせ(幸せ) 행복
- □ 〜のために 〜를(을) 위해서
- □ がまんする 참다, 인내하다
- □ おいかける 뒤쫓아오다, 따라오다
- □ 急停車 급정차, 급정거
- □ ハンドル 핸들, 손잡이
- □ にぎる 잡다, 쥐다
- □ 荷台 짐 싣는 곳, 짐받이
- □ のっかる 〈비속어〉 올라타다, 얹혀 있다 =乗る
- □ さっき 조금 전, 아까
- □ ねんをおす(念を押す) 확인하다, 다짐하다
- □ じろりと 무서운 눈초리로 보는 모양
- □ にらむ 노려보다
- □ こまる(困る) 곤란하다
- □ おしつける 떠맡기다, 밀어붙이다
- □ いる(要る) 필요하다

나와 리에는 무심코 얼굴을 마주보았다. 헤어지는 것은 괴롭지만 새끼 고양이의 행복을 위해 참자.

5분쯤 걸었을까? 자전거가 뒤에서 뒤쫓아와 내 옆에서 급정거를 했다. 핸들을 잡고 있는 것은 모르는 아주머니였지만 뒤에 타고 있던 것은 새끼 고양이를 안은 조금 전의 그 남자 아이였다.

"타쿠야, 이 형 맞지?"

아주머니는 먼저 남자 아이에게 확인하고 나서 내 얼굴을 무서운 눈초리로 노려봤다.

"좀 곤란하지 않니? 어린 아이에게 고양이를 떠맡기고——. 우리 집은 고양이 따위는 필요 없어서 말이야."

おばさんが、ねこの首ねっこをつかまえて、ひょいとほうったので、ぼくは、あわててうけとめた。

ねこはかえしてくれたが、にぼしはもどしてくれなかった。

ぼくは、しばらくのあいだ、道ばたにつったっていた。

どうしてぼくは、いろんな人にしかられなくてはならないのか。なんだかぼくだけが、ずいぶんそんをしているような気がする。それもこれもみんな、ぜんそくの妹がいるせいだ。リエがいるから、ねこをかかえて、こんな時刻までうろうろしなければならないのだ。

- 首ねっこ 목덜미, 뒷덜미
- つかまえる(捕まえる) 잡다, 붙들다
- ひょいと 휙, 훌쩍
- ほうる (물건을) 멀리 내던지다
- あわてる(慌てる) 당황하다, 허둥거리다
- うけとめる(受け止める) (자기 쪽으로 오는 것을) 받다
- かえす(返す) (빌린 것을 원래 있던 장소나 주인에게) 돌려주다
- もどす(戻す) (이전에 있던 장소로) 돌려주다
- しばらくのあいだ 잠시 동안
- 道ばた 길가
- つったつ 우뚝 서다
- しかられる 혼나다, 야단맞다〈しかる의 수동형〉
- なんだか 왠지
- ずいぶん 꽤, 상당히
- そんをする(損をする) 손해 보다
- 気がする 느낌이 들다
- それもこれも 이것도 저것도
- ～せい ～탓, ～때문
- 時刻 시간, 시각
- うろうろ 어슬렁어슬렁

아주머니가 고양이의 목덜미를 잡아 휙 던지는 바람에 나는 황급히 받아들었다.

고양이는 되돌려 주었지만 말린 멸치는 돌려주지 않았다.

나는 잠시 동안 길가에 우뚝 서 있었다.

왜 나는 여러 사람에게 혼나지 않으면 안 되는 건가? 왠지 나만 너무 손해를 보는 듯한 느낌이 든다. 이게 모두 천식을 앓는 동생이 있기 때문이다. 리에가 있기 때문에 고양이를 안고 이런 시간까지 어슬렁거리지 않으면 안 되는 것이다.

リエをふりかえると、リエも、ぼくの顔をみあげていた。

「おにいちゃん、これ食べてごらん。おいしいよ。」

リエが、スカートのポケットからにぼしをつまんで、ぼくの鼻さきにつきだした。

「いらないよ。ねこにやればいいだろ。」

「だって、ねむっちゃってるんだもの[2]。」

なるほど、子ねこは、ぼくのうでのなかで、気持ちよさそうにねむりこけていた。夕日が、ねこの白い毛をピンク色にそめている。

「ねえ、おにいちゃん。わたしのぜんそく、なおるわよねえ。なおったら、ねこかってもいいんでしょ。」

- ふりかえる(振り返る) 뒤돌아보다
- みあげる(見上げる) 올려다보다
- ～てごらん ～해 봐 =～てみて
- スカート 스커트, 치마
- つまむ (손가락으로) 집다
- 鼻さき 유코 앞, 눈앞, 코 끝
- つきだす 내밀다
- だって 그도 그럴 것이, 하지만
- ねむる(眠る) 잠들다
- ～ちゃう ～해 버리다 〈～てしまう의 축약형〉
- なるほど 과연
- 気持ちよい 기분 좋다
- ねむりこける 곤히 잠들다, 정신없이 자다
- 夕日 석양
- ピンク色 분홍색
- そめる(染める) 물들이다
- なおる(治る) (병이) 낫다
- ～わよ 문장 끝에 붙는 여성용 종조사로 단정을 나타냄
- ～てもいい ～해도 좋다

리에를 뒤돌아보자 리에도 내 얼굴을 올려다보았다.
"오빠! 이거 먹어 봐. 맛있어."
리에가 치마 주머니에서 말린 멸치를 집어서 내 코앞에 쑥 내밀었다.
"필요 없어. 고양이한테 주면 될 거 아냐."
"근데, 잠들어 버렸단 말야."
과연 새끼 고양이는 내 팔 안에서 기분 좋은 듯 곤히 잠들어 있었다. 석양이 고양이의 하얀 털을 분홍빛으로 물들이고 있다.
"있잖아, 오빠. 내 천식, 낫겠지? 다 나으면 고양이 키워도 되겠지?"

2 ～もの ～(한) 걸

회화에서 문말에 붙어 이유를 나타내는데, 말하는 이의 정당성을 주장하기 위해 쓰는 경우가 많다. 여성과 아이들이 많이 쓰며, 친한 사이의 회화에서는 もん으로도 많이 사용한다.

だって、**食**べたい**もの**。 하지만 먹고 싶단 말야.

リエが、ねこのせなかをなでながらゆっくりといった。

「あたりまえじゃないか。なおるにきまってる³さ。」

おもわずこたえてからかんがえた。リエだって、ねこがだいすきなのだ。うちでかえない子ねこのことが気になってしかたないから、ずっとついてきたんだ。

にぼしを口にほうりこむと、ぼくは新町のほうにむかってあるきだした。新町の高木さんが、いつか、ねこがかいたいとはなしていたのをおもいだしたのだ。

高木さんがだめでも、新町までいけば、ねこをもらってくれる家がみつかるかもしれない。いや、きっとみつけてみせる。

ぼくは、すこし元気がでてきた。

- □ **なでる** 쓰다듬다, 어루만지다
- □ **あたりまえだ** 당연하다
- □ **気になる** 걱정이 되다
- □ **ほうりこむ** 던져 넣다, 집어 넣다
- □ **新町** 신마치〈일본의 지명〉
- □ **むかう**(向かう) 향하다
- □ **〜だす** (동사의 ます형에 붙어) 〜(하)기 시작하다
- □ **おもいだす**(思い出す) 생각해 내다
- □ **みつかる**(見つかる) 발견되다, 찾게 되다
- □ **きっと** 반드시, 틀림없이
- □ **みつける**(見つける) 찾다, 발견하다
- □ **〜てみせる** 〜해 보이다
- □ **元気がでる** 기운이 생기다, 힘이 나다

리에가 고양이 등을 쓰다듬으며 천천히 말했다.

"당연한 거 아냐? 틀림없이 나을 거야."

무심코 대답하고 나서 생각했다. 리에 또한 고양이를 아주 좋아하는 것이다. 집에서 기를 수 없는 새끼 고양이가 너무 걱정이 돼서 줄곧 따라 온 것이다.

말린 멸치를 입에 집어넣고 나는 신마치 쪽을 향해 걷기 시작했다. 신마치의 타카기 씨가 언젠가 고양이를 키우고 싶다고 얘기했던 것을 생각해 낸 것이다.

타카기 씨가 안 되더라도 신마치까지 가면 고양이를 받아 줄 집을 찾게 될지도 모른다. 아니, 반드시 찾아 보일 테다.

나는 조금 기운이 났다.

3 ～にきまっている 반드시 ～하게 마련이다
   [동사・い형용사의 기본형, な형용사 어간, 명사+にきまっている]
   어떤 근거에 의해 '～이 되는 것은 당연하다, 틀림없다'는 단정을 나타낸다.

   今日中(きょうじゅう)にそんなに厚(あつ)い本を読むなんて無理(むり)にきまっている。 오늘 안으로 그렇게 두꺼운 책을 읽는다는 건 무리인 게 당연하다.

마음에 깊은 감명을 남기는 문장, 꼭 기억해 두고 싶은 문장을 적어보세요.

著作者
高田敏子　水のこころ 물의 마음
椎名誠　ヤドカリ探検隊 소라게 탐험대
木下順二　木竜うるし 나무용 이야기
星新一　おみやげ 선물
那須正幹　子ねこをだいて 새끼 고양이를 품에 안고

다락원 일한 대역문고 - 중급1
일본초등학교 5학년 국어교과서선
日本の小学校5年生の国語教科書選

지은이 高田敏子, 椎名誠, 木下順二, 星新一, 那須正幹
역　주 조주희, 백송종
펴낸이 정규도
펴낸곳 (주)다락원

초판 1쇄 발행 2007년 1월 5일
초판 10쇄 발행 2025년 5월 8일

책임편집 이경숙, 김윤희
외주교정 정은영
디자인 서해숙
일러스트 윈일러스트

경기도 파주시 문발로 211
Tel: (02)736-2031 Fax: (02)732-2037
　(내용문의: 내선 460~465 / 구입문의: 내선 250~252)
출판등록 1977년 9월 16일 제406-2008-000007호

Copyright© 2007, 久冨純江, 椎名誠, 木下とみ子, 星香代子, 那須正幹

저자 및 출판사의 허락 없이 이 책의 일부 또는 전부를 무단 복제·전재·발췌할 수 없습니다.
구입 후 철회는 회사 내규에 부합하는 경우에 가능하므로 구입문의처에 문의하시기 바랍니다.
분실·파손 등에 따른 소비자 피해에 대해서는 공정거래위원회에서 고시한 소비자 분쟁 해결
기준에 따라 보상 가능합니다. 잘못된 책은 바꿔 드립니다.

ISBN 978-89-5995-305-9 18730　978-89-5995-296-0(set)

www.darakwon.co.kr
다락원 홈페이지를 통해 인터넷 주문을 하시면 자세한 어학 정보와 함께 다양한 혜택을 받으실 수 있습니다.